Jonas van Melling

Mechthild von Magdeburg

Jonas van Melling

Mechthild von Magdeburg

Die große Mystikerin

Fromm Verlag

Imprint

Bibliographic information published by the Deutsche Nationalbibliothek: The Deutsche Nationalbibliothek lists this publication in the Deutsche Nationalbibliografie; detailed bibliographic data are available in the Internet at http://dnb.d-nb.de.

Publisher:
Fromm Verlag is an imprint of the publishing house
VDM Publishing House Ltd.,17 Rue Meldrum, Beau Bassin,1713-01 Mauritius
Website: www.frommverlag.de
Email: info@frommverlag.de

Published in 2011

Printed in: U.S.A., U.K., Germany. This book was not produced in Mauritius.

ISBN: 978-3-8416-0019-6

Einleitung

Für ihre Schriften wurde sie von Kirche und Welt angefeindet

Die wahrscheinlich aus aristokratischen Verhältnissen stammende Mechthild von Magdeburg zählt zu den bedeutendsten Mystikerinnen Mitteleuropas. Bereits im Alter von 12 Jahren machte sie mystische Erfahrungen durch lebhafte Visionen. Mit ungefähr zwanzig Jahren schloss sie sich der Armutsbewegung an und war als Begine tätig an Kranken- und Sterbelagern - in dieser Aufgabe sah sie eine Erfüllung gemäß der ihr zuteil gewordenen Botschaft von der Liebe Gottes zu allen Menschen.

Bis heute bekannt ist Mechthild durch ihr sieben Teilbücher umfassendes Werk „Das fließende Licht der Gottheit“, welches ihr zu Lebzeiten viel Kritik einbrachte. Aufgrund der Anfeindungen zog sie sich um 1270 in das Zisterzienserkloster Helfta zurück, wo sie u.a. auf die junge Gertrud von Helfta traf. Im Kloster lebte Mechthild bis zu ihrem Tod 1282 und vervollständigte ihre Schriften, die als das bedeutendste Beispiel der deutschsprachigen Mystik vor Meister Eckhart gelten.

Inhalt

Artikel

Referenzen

Artikel Lizenzen

Mechthild von Magdeburg

Mechthild von Magdeburg (* um 1207 im Erzbistum Magdeburg; † 1282 im Kloster Helfta in Eisleben) ist eine der bedeutendsten Mystikerinnen Mitteleuropas.

Peter Paul Metz: *Mechthild von Magdeburg*, Fantasieporträt am Chorgestühl der Pfarrkirche Merazhofen (Leutkirch im Allgäu), 1896

Leben

Von ihrem äußeren Leben gibt es nur wenig Informationen, die alle nur ihrem Werk entnommen werden können. Vermutlich von adligen Eltern abstammend, erhielt Mechthild eine gute Bildung. Mit 12 Jahren hatte sie ihr erstes mystisches Erlebnis. Etwa mit 20 Jahren zog sie nach Magdeburg, wo sie über 30 Jahre als Begine nach der Regel des hl. Dominikus lebte. Um 1250 begann sie auf Zuspruch ihres Beichtvaters Heinrich von Halle über die Wonnen und Qualen ihrer mystischen Erfahrungen mit Gott zu schreiben. Ihre in mittelniederdeutsch verfassten Aufzeichnungen stellte Heinrich von Halle zu den ersten sechs von insgesamt Büchern des »Fließenden Lichts der Gottheit« zusammen. Das Aufsehen, das sie mit dieser Schrift und ihrer Zeitkritik am realen Ordensleben, der Kirche und der Welt erregte, hat sie vermutlich veranlasst, die letzten Jahre ihres Lebens zurückgezogen im Zisterzienserkloster Helfta zu verbringen. Dort traf sie u. a. auch die junge Gertrud von Helfta. Sie lebte noch 12 Jahre im Kloster und fügte in dieser Zeit noch ein siebtes Buch zu Ihren Aufzeichnungen hinzu.

"Die Mystikerin in der Darstellenden Kunst"

Das Leben der Mystikerin und ihre Visionen wurden in der christlichen Kunst des Mittelalters bildnerisch interpretiert.

Beispiele:

- in einem so genannten Epitaphaltar des Magdeburger Domes, der eine Vision aus dem Leben Mechthilds zeigt (selbiger wird abgebildet und beschrieben in: Wäß 2006, Bd. 2 S. 380 f. mit Abb. 538). Der Stifter des farbig gefassten Steinreliefs wird hier kniend neben der Mystikerin visualisiert.

Das Werk

Mechthild benutzt in ihrem sieben Teilbücher umfassenden Werk "Das fließende Licht der Gottheit" Bilder des Hohenliedes, um die mystische Vermählung der Seele mit Christus zu beschreiben und ist u. a. beeinflusst von Bernhard von Clairvaux, David von Augsburg, Hildegard von Bingen und Gregor dem Großen. Mechthilds Schriften gelten als eines der beeindruckendsten Beispiele der deutschen Frauenmystik und zeigen die Höhe der Frauenbildung im Mittelalter. Das niederdeutsche Original ihres Textes ist uns nicht überliefert. Was wir haben, ist eine oberdeutsche Übertragung, die zwischen 1343 und 1345 im Kreis der Basler Gottesfreunde rund um Heinrich von Nördlingen entstanden ist. Diese Handschrift befindet sich heute in der Stiftsbibliothek Einsiedeln. Daneben belegen einige weitere überlieferte Exzerpte bzw. Fragmente eine gewisse, wenn auch nicht sehr breite mittelalterliche Rezeption von Mechthilds Werk (vgl. Marburger Handschriftencensus [1]). Außerdem wurde Mechthilds Werk schon früh ins Lateinische übersetzt. Von dieser Fassung ist ebenfalls eine umfangreiche Handschrift erhalten, welche die ersten sechs Bücher des "Fließenden Lichts" enthält, wobei die Texte allerdings anders angeordnet sind.

Werkausgaben

- Das fließende Licht der Gottheit. Herausgegeben von Margot Schmidt. Stuttgart-Bad Cannstatt (Frommann-Holzboog) 1995 ISBN 3-7728-1692-4
- Das fließende Licht der Gottheit. Hrsg. v. Gisela Vollmann-Profe. Frankfurt (Deutscher Klassiker Verlag) 2003 ISBN 3-618-66195-9
- [Ein vliessende lieht miner gotheit] Offenbarungen der Schwester Mechthild von Magdeburg oder Das fließende Licht der Gottheit : aus der einzigen Handschrift des Stiftes Einsiedeln. Unveränd. reprografischer Nachdruck der Ausgabe Regensburg 1869. Darmstadt (Wiss. Buchgesellschaft) 1989
- Das fließende Licht der Gottheit: nach der Einsiedler Handschrift in kritischem Vergleich mit der gesamten Überlieferung. Hrsg. von Hans Neumann. München (Artemis Verlag)
- Das fließende Licht der Gottheit: Ausgewählt und übertragen von Sigmund Simon. 1907, Berlin, Oesterheld.

Literatur

- Sonja A. Buholzer: *Studien zur Gottes- und Seelenkonzeption im Werk der Mechthild von Magdeburg*, (=Europäische Hochschulschriften: Reihe 20, Philosophie; Band 234), Bern; Frankfurt am Main; New York; Paris 1988 ISBN 3-261-03813-6
- Karl Dienst: *Mechthild von Magdeburg* [2]. In: *Biographisch-Bibliographisches Kirchenlexikon* (BBKL). Band 5, Herzberg 1993, ISBN 3-88309-043-3, Sp. 1146–1147.
- Peter Dinzelbacher: *Mittelalterliche Frauenmystik*, Paderborn; München; Wien; Zürich 1993 ISBN 3-506-72015-5
- Alois M. Haas: Die Struktur der mystischen Erfahrung nach Mechthild von Magdeburg. In: Freiburger Zeitschrift für Philosophie und Theologie, Bd. 22. Freiburg 1975 (Jahrbuch für Philosophie und spekulative Theologie, 89. Jahrgang).
- Marianne Heimbach: ‚Der ungelehrte Mund als Autorität. Mystische Erfahrung als Quelle kirchlich-prophetischer Rede im Werk Mechthilds von Magdeburg. Stuttgart-Bad Cannstatt 1989 (Mystik in Geschichte und Gegenwart. Texte und Untersuchungen. Abteilung I. Christliche Mystik. Band 6).
- Theresia Heimerl: *Frauenmystik - Männermystik? Gemeinsamkeiten und Unterschiede in der Darstellung von Gottes- und Menschenbild bei Meister Eckhart, Heinrich Seuse, Marguerite Porete und Mechthild von Magdeburg*, Münster, Hamburg, London 2002 ISBN 3-8258-5935-5
- Jürgen Jendrzejzyk: *Mystik und Meditation am Beispiel der Mechthild von Magdeburg*, Stockach 1992 ISBN 3-925466-51-7
- Hildegard Elisabeth Keller: wan got geschuof inen nie schemeliche lide. Zur Geschichte der Sexualität und Scham im Spiegel des ‚Fliessenden Lichts der Gottheit' von Mechthild von Magdeburg. In: Brinker, Claudia et al. (Hg.): Contemplata aliis tradere. Studium zum Verhältnis von Literatur und Spiritualität. Bern 1995, S. 19-45.
- Hildegund Keul: *Mechthild von Magdeburg. Poetin - Begine - Mystikerin.* Herder, Freiburg

2007. ISBN 978-3-451-29355-9

- Grete Lüers: *Die Sprache der deutschen Mystik des Mittelalters im Werke der Mechthild von Magdeburg*, Münster (Diss.) 1926
- Sara S. Poor: *Mechthild of Magdeburg and Her Book. Gender and the Making of Textual Authority*, Penn. State Univ. Press 2004 ISBN 0-8122-3802-8
- Gabriele Reimers: *Das Leiberleben in der mystischen Erfahrung bei Mechthild von Magdeburg, Mechthild von Hackborn und Gertrud von Helfta*, Tübingen 1989
- Philipp Strauch: *Mechthild von Magdeburg*. In: *Allgemeine Deutsche Biographie* (ADB). Band 21, Duncker & Humblot, Leipzig 1885, S. 154–156.
- Gisela Vollmann-Profe: *Mechthild von Magdeburg* [3]. In: *Neue Deutsche Biographie* (NDB). Band 16. Duncker & Humblot, Berlin 1990, S. 581 f.

- Helga Wäß: Form und Wahrnehmung mitteldeutscher Gedächtnisskulptur im 14. Jahrhundert. Zwei Bände. Band 2: Katalog ausgewählter Objekte vom Hohen Mittelalter bis zum Anfang des 15. Jahrhunderts, Bristol u.a. 2006, 380 f. mit Abb. 538 / s. auch Bd. 1, S. 421. - ISBN 3-86504-159-0
- Barbara Weber: *Die Funktion der Alltagswirklichkeit in der Metaphorik Mechthilds von Magdeburg*, (=Göppinger Arbeiten zur Germanistik; Nr. 683), Göppingen 2000 ISBN 3-87452-930-4

Weblinks

- Literatur von und über Mechthild von Magdeburg [4] im Katalog der Deutschen Nationalbibliothek
- Mechthild von Magdeburg [5]
- FemBiographie Mechthild von Magdeburg [6]
- Digitalisierte Handschrift der Stiftsbibliothek Einsiedeln [7]
- Nachweis der deutschsprachigen handschriftlichen Überlieferung im Handschriftencensus der Marburger Universität [1]
- Hörbuch Mechthild von Magdeburg: Im Fließenden Licht" (2008) [8] anlässlich des 800. Geburtstages von Mechthild von Magdeburg mit Auszügen aus "Das fließende Licht der Gottheit" und Musik von Hildegard von Bingen [9]
- Promotion-CD, Hörbuch [8] des Bistums Magdeburg zu den Feierlichkeiten anlässlich des 800. Geburtstages von Mechthild von Magdeburg mit Auszügen aus "Das fließende Licht der Gottheit"

Referenzen

[1] http://cgi-host.uni-marburg.de/~mrep/liste_inhalt.php?id=1179
[2] http://www.bbkl.de/m/mechthild_v_m.shtml
[3] http://mdz10.bib-bvb.de/~db/0001/bsb00016334/images/index.html?seite=595
[4] https://portal.d-nb.de/opac.htm?query=Woe%3D118579797&method=simpleSearch
[5] http://www.mechthild-von-magdeburg.de/
[6] http://www.fembio.org/biographie.php/frau/biographie/mechthild-von-magdeburg/
[7] http://www.e-codices.unifr.ch/de/list/one/sbe/0277
[8] http://www.zielophon.de/mechthild.htm
[9] http://de.wikipedia.org/wiki/Hildegard_von_Bingen

Mystik

Der Ausdruck **Mystik** (von griechisch μυστικός *mystikós* „geheimnisvoll") bezeichnet heute im allgemeinen Sprachgebrauch Berichte und Aussagen über die Erfahrung einer höchsten Wirklichkeit sowie die Bemühungen um eine solche Erfahrung.

Die mittelalterliche Mystikerin Birgitta von Schweden

Begriffsbestimmung

Religionsgeschichtliche Perspektive

Religionsgeschichtlich versteht man unter Mystik eine Form religiösen und damit auf ein Absolutes ausgerichteten Erlebens und sprachlichen Ausdrucks. Mystische Erfahrungen werden unter Verwendung kontextspezifischer Begriffe, Bilder und Formulierungen ausgedrückt.

In theistischen Religionen ist mystische Erfahrung auf Gott bezogen. Als *Gotteserfahrung* mitgeteilte mystische Erlebnisse kennen u. a. Strömungen des Judentums, des Christentums, des Islams und des Hinduismus. Sie finden in unterschiedlichen Begriffen und Wendungen Ausdruck, die oftmals auch in Grundschriften dieser Religionen Verwendung finden: Nacht, Dunkelheit, Feuer (Mose), „sanftes, leises Säuseln" (1 Kön 19,12), Liebe (Johannesbriefe), göttliches Du, Gott als innerstes Innen (z.B. bei Augustinus); göttliche Mutter (Ramakrishna).

Nichttheistische Traditionen wie Buddhismus, Jainismus und Daoismus setzen mystische Erfahrungen mit einer letztendlichen Wirklichkeit *ohne* Bezug auf eine göttliche Wesenheit in Beziehung.

Begriffsgeschichte

Der deutsche Ausdruck "Mystik" geht zurück auf das griechische μυστικός (*mystikós*) „geheimnisvoll". Dieses steht in Verbindung mit μύειν (*myein*), „sich schließen, zusammen gehen", was zunächst auf die Augen bezogen war, sowie mit μυέειν (*myéein*), beginnen oder initiiert werden. Diese Ausdrücke wurden anfangs auf Mysterien und Geheimriten bezogen und später auch generell im Sinne von dunkel und geheimnisvoll verwendet.

In der Spätantike findet der Ausdruck dann auch im philosophischen Kontext Verwendung, wenn der verborgene Sinn einer Äußerung angesprochen ist, und wird insbesondere von Proklos auf den Bereich des Göttlichen bezogen.[1]

Die neuzeitliche Verwendung im Sinne einer spezifischen Variante religiöser Praxis und einer spezifischen Sorte religiöser Literatur ist - folgt man dem Mystikforscher Michel de Certeau - Ergebnis einer Begriffsverschiebung, die an der substantivischen Verwendung kenntlich ist: es wird nicht mehr gesprochen von "mystischer Theologie" als einem konstitutiven Bestandteil religiösen Denkens, sondern von "Mystik" als einem Typus außergewöhnlicher Verfahren.

Ähnlich wie hin und wieder *Mystik* selbst bezeichnen davon abgeleitete Wörter wie *Mystizismus* und *mystisch* in der heutigen Umgangssprache auch als unverständlich, rätselhaft oder unsinnig empfundene Redeweisen.

Mystikbegriff

Das Thema „Mystik“ ist Forschungsgegenstand innerhalb der Theologien der Offenbarungsreligionen und der Religionswissenschaften, in Kultur-, Geschichts- und Literaturwissenschaft, in der Philosophie und Psychologie. Ein fachwissenschaftlicher Konsens zur Begriffsbestimmung konnte bisher nicht hergestellt werden.

Im alltäglichen Sprachgebrauch sowie in populärer Literatur steht das Thema „Mystik“ meist in Beziehung zu religiösen oder spirituellen Erfahrungen, die als solche nicht objektiv zugänglich scheinen. Die Literatur, in welcher der Ausdruck „Mystik“ in unterschiedlichem Sinne verwendet wird, ist vielfältig.

Trotz aller Unklarheiten lassen sich Merkmale angeben, die zumeist für mystisches Erleben für typisch gehalten werden. Auch ist für mehrere Personen unstrittig, dass diese weithin als Mystiker gelten.

Mystik in den Weltreligionen

→ siehe auch: Liste von Mystikern

Christliche Mystik

→ *siehe Hauptartikel* Christliche Mystik

Biblische Motive

In zahlreichen Texten mystischer Literatur werden biblische Motive aufgegriffen. Beispielsweise wird die Seligpreisung „Selig, die ein reines Herz haben, denn sie werden Gott schauen.“ (Mt 5,8) auf die Reinheit von Affekten, sinnlichen Wahrnehmungen und Handlungsmotiven bezogen. Auch Formulierungen von einem Einwohnen Gottes im Menschen oder eines Lebens Gottes durch den Menschen (Eph 1,3; Gal 2,20; Joh 14,15-23) werden sowohl bei östlichen und westlichen Kirchenvätern[2] wie auch in späteren Texten der Mystik[3] aufgegriffen.

Das „Gott schauen“ noch zu Lebzeiten kann als das klassisch mystische Motiv schlechthin angesehen werden.

Mittelalter

Im Anschluss an Paulus verbanden bereits frühe christliche Theologen wie Augustinus die Lehre von der Kirche mit der Eucharistie und damit dem Leib Christi. Daran knüpfte Thomas von Aquin an: die Kirche *sei* der mystische Leib Christi.[4] Dies war nicht selbstverständlich, denn zumeist wurde der Ausdruck "mystischer Leib" direkt auf die Eucharistie bezogen, und erst von daher die Kirche als wahrer Leib Christi verstanden.[5] Im Anschluss an Augustinus bestimmte die katholische „Glaubensenzyklika“ Mystici corporis, der mystische Leib Christi und die Römisch-katholische Kirche seien „ein und dasselbe“.

Ein großer Teil der hochmittelalterlichen Literatur zur mystischen Theologie besteht in Kommentaren zum Werk des Pseudo-Dionysius Areopagita. Es bilden sich zwei Auslegungstraditionen heraus: eine stärker affektive mystische Theologie, wie sie etwa von Hugo von St. Victor, Thomas Gallus, Robert Grosseteste, Vinzenz von Aggsbach vertreten wurde, und eine stärker intellektuelle, wie sie etwa von Jean Gerson, Nicolaus von Kues und anderen vertreten wird.

Jean Gerson unterscheidet die *Theologia mystica* als experimentelle Erkenntnis Gottes bzw. Erfahrungswissen von Gott (*cognitio dei experimentalis*) von einem lehrhaft vermittelten theoretischen Wissen von Gott (*cognitio dei doctrinalis*).

Mystische Praktiken

Im christlichen Kontext wurden, wie auch in anderen Religionen, unterschiedliche Auffassungen darüber vertreten, ob mystische Erfahrungen durch bestimmte religiöse Techniken vorbereitbar oder gänzlich davon unabhängig sind.

Ansatzpunkte für den interreligiösen Dialog

Zahlreiche Autoren haben im Kontext der Mystik naheliegende Ansatzstellen für einen interreligiösen Dialog gesehen - insbesondere mit dem Buddhismus. Daisetz T. Suzuki beispielsweise zeigte sich bereits in den 1950er Jahren von Meister Eckhart sehr beeindruckt.

Hinduistische Mystik

Nach hinduistischen Lehren ist eine Einheitserfahrung mit dem göttlichen Brahman möglich. Das ist in Worten kaum wiederzugeben, da Begriffe es nicht fassen. Typische Beschreibungen bedienen sich Metaphern wie: das Bewusstsein weitet sich ins Unendliche, ist ohne Grenzen, man erfährt sich aufgehoben in einer Wirklichkeit unaussprechlichen Lichts und unaussprechlicher Einheit (Brahman). Dieser Einheitserfahrung entspricht die Lehre der Einheit von Atman („Seele“) und göttlichem Brahman.

Das Einssein fassen verschiedene Vertreter unterschiedlich auf:

- pantheistisch: Wie ein Salzklumpen sich im Wasser auflöst, gehe der Atman im göttlichen Brahman auf.
- panentheistisch: Die Seelen behalten einen Eigenstand, wenngleich mit dem Brahman unauflöslich verbunden.
- monotheistisch: Einheit in Vielfalt. Qualitative Einheit und gleichzeitige individuelle Vielfalt, die der Seele eine ewige mystische Liebesverbindung mit Gott ermöglicht (Vishishta-Advaita).

Nach hinduistischer Lehre ist die alltägliche Wahrnehmung auf Vieles gerichtet, die mystische Erfahrung aber eine Einheitserfahrung. Das göttliche Eine ist in Allem gegenwärtig, jedoch nicht einfachhin erfahrbar. Es zu erfahren setzt voraus, die Wahrnehmungsart zu ändern. Dazu dienen Konzentrationstechniken des Yoga (Meditation) und die Askese (Enthaltung, Verzicht). Askese führt zur Freiheit gegenüber weltlichen Bedürfnissen. Dies kann u.a. Essen und Trinken, Sexualität oder Machtstreben einschränken.

Buddhistische Mystik

In der buddhistischen Mystik, die insbesondere in den Strömungen des Mahayana verbreitet ist, geht es wie in allen buddhistischen Schulen nicht um direkte Erfahrung eines göttlichen Wesens. Die Natur des Geistes wird als nicht-dual verstanden. Dies ist jedoch in der Regel nicht bewusst und wird durch das Anhaften am Ich verschleiert. Aus dieser grundlegenden Unwissenheit entsteht die Vorstellung eines unabhängig von anderen Phänomenen existierenden Ichs. Damit geht das Auftreten der Geistesgifte Verwirrung/Unwissenheit, Hass, Gier, Neid und Stolz einher, die Ursachen allen Leidens. Ziel ist es, die Geistesgifte in ursprüngliche Weisheit umzuwandeln, die Ich-Vorstellung aufzulösen und die den unerleuchteten Wesen eigene Aufspaltung der Phänomene in Subjekt und Objekt zu überwinden. Die den fühlenden Wesen innewohnende, bis dahin verschleierte Buddha-Natur wird als immer schon zugrundeliegend erkannt. Wer dies erreicht wird erleuchtet oder schlicht Buddha genannt. Praktiken wie Meditation, Gebet, Opferdarbringungen, verschiedene Yogas und spezielle tantrische Techniken sollen dies ermöglichen.

Siehe auch: Tathata, Dzogchen

Daoistische Mystik

Die in China entstandene Philosophie und Religion des Daoismus besitzt in ihren verschiedenen Formen eine spezifische Mystik. Schon die ältesten Texte, die sich mit dem Dao, dem Urgrund des Daseins, befassen, das Daodejing und Zhuangzi, beschäftigen sich mit der Idee des Erlangens des Ureinen und der mystischen Innenschau sowie einer bestimmten geistigen Haltung, die den daoistischen Mystiker auszeichnet. Die ab dem 2. Jh. entstandene daoistische Religion hatte dann in ihren verschiedenen Schulen einen ausgeprägten Hang zu mystischen Formen von Ritual und Magie, Meditation und Innenschau, basierend auf komplexen Annahmen über die Natur des Dao und des daraus entstandenen Kosmos.

Islamische Mystik

Im Islam gibt es in Orden organisierte Strömungen, die als sufiyya (Sufismus) bezeichnet werden - ein Ausdruck, der mit dem Ausdruck tasawwuf in Verbindung steht; beide Ausdrücke werden bisweilen mit "Mystik" wiedergeben, weil es in diesem institutionellen Kontext ähnliche Lehren und Praktiken gibt, wie sie im westlichen Kulturraum oft mit dem Termius "Mystik" verbunden werden.

Nach einer Überlieferung (Hadith) des Propheten Mohammed sagt Gott den Menschen: „Es gibt siebzig [oder siebenhunder oder siebentausend] Schleier zwischen euch und Mir, aber keinen zwischen Mir und euch.“ Dieser - in unterschiedlichem Wortlaut überlieferte - Ausspruch wird u.a. von Al-Ghazali[6] und Ibn Arabi rezipiert. Letzterer bezieht die Schleier auf die Erscheinungen Gottes (tajalliyat).[7]

Einige Vertreter des Sufismus lehren, dass Gott in jeden Menschen einen göttlichen Funken gelegt hat, der im tiefsten Herzen verborgen ist. Diesen Funken verschleiert die Liebe zu allem, was nicht Gott ist - etwa ein Wichtignehmen der materiellen Welt, Achtlosigkeit und Vergesslichkeit (*siehe* Nafs).

Die Sufis praktizieren eine tägliche Übung namens Dhikr, was *Gedenken* (also *Gedenken an Gott*, bzw. *Dhikrullah*) bedeutet. Dabei rezitieren sie bestimmte Stellen aus dem Koran und wiederholen eine bestimmte Anzahl der neunundneunzig Attribute Gottes. Darüber hinaus kennen die meisten sufischen Orden (Tariqas) ein wöchentliches Zusammentreffen in sogenannten Tekkes, bei dem neben der Pflege der Gemeinschaft und dem gemeinsamen Gebet ebenfalls ein Dhikr ausgeführt wird. Je nach Orden kann dieser Dhikr auch Musik, bestimmte Körperbewegungen und Atmungsübungen beinhalten.

Wichtige Vertreter der islamischen Mystik sind Yunus Emre und Dschalal ad-Din ar-Rumi.

siehe auch: Kategorie:Sufi, Kategorie:Alevitentum

Jüdische Mystik

Im Judentum hat die Mystik besonders in der Kabbala eine breite Tradition. Mehr auf rationale Sicht des Glaubens bedachte Denker haben diese Bewegung oft kritisiert.

Mystik als Forschungsgegenstand

Die meisten fachwissenschaftlichen Forschungsansätze analysieren *Berichte über* mystische Erfahrungen, psychologische Korrelate oder philosophisch-theologische Interpretationskategorien derselben.

Zu den bekannteren Forschern zählen für die jeweiligen Einzelwissenschaften beispielsweise:

- in der Theologie: Karl Rahner, Dorothee Sölle, Ernst Troeltsch, Joseph Maréchal, Dietmar Mieth, Gershom Scholem, Hans Urs von Balthasar, Walter Nigg
- in der Theologiegeschichte: Rudolf Haubst, Vladimir Lossky, Hugo Rahner, Josef Sudbrack, William J. Hoye
- in der Literaturwissenschaft: Bernhard Teuber, Alois Maria Haas, Walter Haug, Niklaus Largier, Kurt Ruh, Michael Egerding, Burkhart Hasebrink, Susanne Köbele, Otto Langer
- in der Religionswissenschaft: Rudolf Otto, Annemarie Schimmel, John Walbridge, Roland Pietsch, Richard King, Thomas A. Forsthoefel, Robert H. Sharf
- in der Geschichtswissenschaft: Bernard McGinn, Michel de Certeau, Peter Dinzelbacher, Robert E. Lerner
- in der Philosophie: William James, William Alston, Jerome Gellman, Steven T. Katz, C. D. Broad, Evan Fales, J. William Forgie, Wayne Proudfoot
- in der Philosophiegeschichte: Jasper Hopkins, Karl Albert, Ian Almond, John D. Caputo, Oliver Davies, Maurice de Gandillac, Alain de Libera, Kurt Flasch, Werner Beierwaltes, Joseph Bernhart, Ruedi Imbach, Josepf Koch, Klaus Kremer, Andrew Louth, Burkhard Mojsisch, Michael Sells, Loris Sturlese, Frank Tobin, Ellior R. Wolfson
- in der Psychologie: Carl Albrecht, Eugene d'Aquili, Andrew Newberg, James H. Austin, Michael A. Persinger, Peter Fenwick

Dabei ist eine nähere Bestimmung des Begriffs sehr unterschiedlich und teilweise kontrovers. Zur Problematik trägt bei, dass das Thema Mystik unterschiedlichste Wissenschaftsdisziplinen betrifft, innerhalb welcher nochmals sehr unterschiedliche Forschungsrichtungen existieren.

Rezeptionen, Ansätze und Wortmeldungen aus Philosophie und Psychologie

- Der analytische Psychologe Carl Gustav Jung versteht Mystik als religionsunabhängige innere Kontemplation jenseits der Spaltung in verschiedene Konfessionen und Bekenntnisse. Ein Vorbild für ihn ist der Schweizer Mystiker Niklaus von Flüe (Bruder Klaus).
- Ludwig Wittgenstein hat sich, u.a. in Tagebüchern und zum Schluss seines Tractatus Logico-Philosophicus und anderen Schriften, über Mystik geäußert: „Es gibt allerdings Unaussprechliches: Dies *zeigt* sich, es ist das Mystische.“[8]
- Einige Theoretiker aus dem Kontext der Systemtheorie haben Studien zur Mystik vorgelegt, darunter Niklas Luhmann und Peter Fuchs.
- der Psychologe Erich Fromm, der einem säkularen Judentum nahesteht und u.a. von Maimonides und Meister Eckhart beeinflusst wurde, hat sich auch zu Zusammenhängen von Mystik und Politik geäußert (u.a. am Ende seines Werks *Haben oder Sein*)
- Karl Jaspers schrieb von einer „Auflösung des Subjekt-Objektverhältnisses, d.h. der Aufhebung sowohl der Ausbreitung der gegenständlichen Welt wie der persönlichen Individualität...“ und kritisierte: „In der mystischen Einstellung fehlt alles Rationale: Es gibt keine logische Form, keinen Gegensatz, keinen Widerspruch. Alle Relativitäten des Gegenständlichen, alle Unendlichkeiten und Antinomien bestehen nicht.“[9] Als ein Gegenkonzept zur Mystik entwickelte Jaspers das Konzept des „Umgreifenden“[10], in das der Mensch in einem ständigen Kampf auch klar denkend und sich der offenen Diskussion stellend eindringen könne.

Übergreifende und spezielle Aspekte

Mystik und Lebenswelt

Weltabgewandtheit (Vermeidung von körperlichen Freuden durch Fasten, Askese und Zölibat oder den Rückzug in die Einsamkeit als Eremit) hat in vielen Religionen eine lange Tradition. Teilweise wird beansprucht, eine solche Haltung sei Vorbedingung mystischer Erfahrung. Andere Traditionen betonen die Zusammengehörigkeit von Kontemplation und aktivem Leben. Die christliche Mystik spricht in diesem Zusammenhang von „vita activa“ und „vita contemplativa“. Beide Seiten gehören etwa für Meister Eckhart stets zusammen. Teilweise wird auch ein wesentlicher Zusammenhang von Mystik und Politik beansprucht, wie er sich etwa bei Nikolaus von Flüe, Meister Eckhart, Martin Luther, Juliane von Krüdener, Mahatma Gandhi, Dag Hammarskjöld, Dalai Lama u.a. findet.

Auch Traditionen des Zen betonen, dass Spiritualität und Alltag nicht entkoppelt werden dürfen. So beschreiben etwa die Verse „Der Ochse und sein Hirte“ den Entwicklungsweg eines Zen-Schülers im alten Japan und enden mit der Rückkehr auf den Marktplatz. Auch der Zen-Meister Willigis Jäger betont: *„Ein spiritueller Weg, der nicht in den Alltag führt, ist ein Irrweg.“*

Erfahrung und Erfahrenes

In der mystischen Erfahrung lassen sich *Erfahrung* und *Erfahrenes* unterscheiden. Die christliche Mystik bezeichnet die *Erfahrung* als Mysterium oder Unio Mystica, im buddhistischen Kulturraum wird sie etwa als Satori oder Kensho benannt, im hinduistischen Raum als Nirvikalpa Samadhi. Sie bezieht sich immer auf *das Erfahrene*, die höchste Wirklichkeit, die im christlichen Kulturraum mit Gott, im buddhistischen Raum etwa mit Nirwana, im hinduistischen mit Atman/Brahman bezeichnet wird. Diese höchste Wirklichkeit hat stets ihren spezifischen individuellen Hintergrund (Religion, Kultur, Wissenschaft). Aus phänomenologischer Sicht ist daher unentscheidbar, ob die in unterschiedlichen Strömungen beschriebene höchste Wirklichkeit identisch ist und gleich erlebt wird.

Abgrenzung zur Prophetie

Die von religiösen Strömungen im Judentum und Christentum beanspruchte mystische Erfahrung wird als Glaubenserfahrung verstanden, als intensive Form der Spiritualität. Dabei ist teilweise beansprucht, das Göttliche nicht mehr personal zu erfahren. Dieses Merkmal kann zumindest religionsphänomenologisch von Prophetien abgrenzen, sofern hier Gott stets als personales Gegenüber erfahren wird.

Mystik und Unsagbarkeit

Viele Berichte von mystischer Erfahrung betonen, dass kein Begriff und keine Aussage auch nur annähernd passen. Das Erfahrene ist, abhängig von soziokulturellen Bedingungen, vielfältig umschreibbar.

Vor theistischem Hintergrund liegt der Name *Gott* nahe. Atheisten sprechen etwa von der wahren Natur allen Seins oder der tiefen kosmischen Einheit aller Dinge. Gleichwohl heben viele Beschreibungen die Erfahrungsweise von weltlicher Objekterkenntnis ab. Beispielsweise, da hier kein Ich einem Höheren gegenüberstehe, sondern von diesem Höheren „umfasst" werde. Bei gleichzeitiger Nichtbenennbarkeit und dem Verlangen, von der Erfahrung dennoch nicht nur zu schweigen, bedient sich Mystik oft ungewöhnlicher Stilmittel.

- Verschiedene biblische Texte sprechen von der Entzogenheit, Unsichtbarkeit, Nichtabbildbarkeit und Unnennbarkeit Gottes. (Beispielsweise 1 Tim 6,16: „Gott, der in unzugänglichem Licht wohnt, den kein Mensch gesehen hat.")
- Buddha hat das mystisch Erfahrene nicht als göttlich bezeichnet. Die höchste Wirklichkeit sei kein göttliches Wesen, das mit Verstand und Willen ausgestattet sei und handele, sondern alles überstrahlender Friede und Glückseligkeit. Die höchste Wirklichkeit bewahre Menschen auch nicht vor Unglück oder befreie nicht aus Lebensgefahren, wenn man sie in Gebeten inständig darum bäte, sondern in der Welt geschehe viel unabänderliches Leid, und dennoch sei alles in dieser höchsten Wirklichkeit geborgen. Die höchste Wirklichkeit erschaffe nicht die vielen Weltdinge wie die Quelle einen Bach hervorbringe oder wie ein Künstler sein Kunstwerk erschaffe. Über die Entstehung der Weltdinge sei nichts wissbar. Die höchste Wirklichkeit sei einfach da als souveräne, unantastbare, absolut erfüllende Wirklichkeit, die Menschen prinzipiell wahrnehmen können. Aus der mystischen Erfahrung heraus werden alle Phänomene auch als Leerheit (Nichts) beschrieben, in dem Sinne, dass sie *leer von einem ihnen innewohnenden Sein* sind. Das mystisch Erfahrene wird auch als Wirklichkeit beschrieben, in der es kein Leid, keinen Tod und keine Entwicklung mehr gibt, die eine absolute Erfüllung und Seligkeit bedeutet – ganz anders jedoch, als man sich Glückseligkeit vorstellen könnte und zu sagen wüsste.
- Laozi nennt die allem Sein zugrunde liegende Wirklichkeit Dao. „Das Dao ist namenlos verborgen/ und doch ist es das Dao, das alles erhält und vollendet." Er meint, dass über die höchste Wirklichkeit keine rationale Aussage gemacht werden könne, sie jedoch erfahrbar sei. Wer dem Dao folge und in Übereinstimmung mit seiner Natur handle, „zu dem kommen die zehntausend Dinge. Sie kommen zu ihm und leiden keinen Schaden, finden Frieden, finden Ruhe, finden Einigkeit."
- Von Thomas von Aquin, dem wirkungsgeschichtlich bedeutenden mittelalterlichen Theologen, wird legendarisch berichtet, er habe nach einer mystischen Erfahrung seine Bücher verbrennen wollen, da er dadurch erkannt habe, dass alle Gott zuschreibbaren Begriffe mehr falsch als richtig sind. Tatsächlich reflektiert die thomanische Analogielehre die Beschreibbarkeit und Unbeschreibbarkeit Gottes.
- In philosophisch-theologischen Traditionen reflektiert die „negative Theologie" auf diesen Widerspruch. Wichtige Vertreter sind (wobei die Zuordnungen teils umstritten sind) Nikolaus von Kues, Meister Eckhart.

Mystik und Rationalität

Häufig werden Mystik und Rationalität einander entgegengesetzt. Eine Beurteilung des Verhältnisses ist abhängig davon, wie beide Begriffe verstanden werden.

Viele mittelalterliche Autoren unterscheiden ratio (Vernunft) und intellectus (Verstand) in der Weise, dass der Intellekt als diskursives Vermögen verstanden Unterscheidungen trifft; während die Ratio höheren Ranges ist, weil auf Einheit ausgerichtet. Dass mystische Erfahrung kein Fall diskursiven Erkennens sein kann, bestreitet kein Mystiker. Eine solche Trennung der Hierarchien ermöglicht, den Anschein eines Gegensatzes aufzulösen. Oft wird für mystische Erfahrung eine höhere (nämlich absolute) Gewissheit gegenüber sonstigem für wahr gehaltenem reklamiert.

Bezieht man Rationalität auf die aristotelisch durchformte Wissenschaftskultur des Mittelalters, so stehen dieser viele Mystiker aus Kontexten mittelalterlicher Laienbewegungen fern. Auch viele Mystiker, die sich philosophisch-theologisch artikulieren, suchen Denkformen, die der aristotelischen Wissenschaftstheorie ferner stehen und stärker einem weisheitlichen Konzept des Wissens und höchsten Wissens nahestehen. Einige greifen dazu zurück auf die Konzeptionen von Augustinus, Boethius und der so genannten Schule von Chartres.

In modernen Kontexten unterscheidet sich ein Zugang zur höchsten Wahrheit durch unmittelbare individuelle Erfahrung von der Methodik neuzeitlicher Wissenschaft, da diese Verallgemeinerbarkeit und Reproduzierbarkeit beansprucht.

Mystik und politisches Handeln

In ihrem wohl bekanntestem Werk, dem 1997 erschienen Buch *Mystik und Widerstand*, spricht sich die evangelisch-lutherische Theologin Dorothee Sölle für die Überwindung des vermeintlichen Gegensatzes von kontemplativer Transzendenzerfahrung und politisch-gesellschaftlichem Engagement aus. Sie zeigt auf, dass z.B. Persönlichkeiten wie der Sklavenbefreier und Quäker John Woolman, der ehemalige Generalsekretär der UNO Dag Hammarskjöld und der Bürgerrechtler Martin Luther King ihre Kraft zum Widerstand gegen gesellschaftliches Unrecht aus ihren mystischen Erfahrungen schöpften. Mystische Erfahrung bedeute demnach kein bewusstes Abwenden von der Welt, sondern die direkte Transzendenzerfahrung fördere gerade ein demokratisches Glaubensverständnis. Auch der in der mystischen Tradition stehende Spiritualismus Thomas Müntzers wird als ein wesentlicher Auslöser der Bauernkriege angesehen.[11]

Interesse für klassische Texte der Mystik und Kontemplation schließt jedoch unethisches politisches Handeln nicht aus. So trug Heinrich Himmler ständig eine Ausgabe der Bhagavad Gita bei sich.[12] Er und seine "Elite" praktizierten regelmäßige Meditation.[13]

Mystische Erfahrung und andere Bewusstseinszustände

Mystiker beschreiben ihre Erfahrungen in Redewendungen und Bildern ihres Kulturkreises. Viele betonen allerdings die Notwendigkeit, von allen Bildern zu lassen. Bekannt dafür ist in christlichen Kontexten Meister Eckhart. Halluzinationen treten im Wachzustand auf. Von mystischen Erlebnissen sind sie schwer unterscheidbar. Ob mystische Erfahrung *nur* eine Halluzination ist, lässt sich objektiv nicht klären. Anhand einer Reihe von Merkmalen wie Inhalten der Erfahrung, Dauer, Kommunizierbarkeit, Ausdrucksform und emotionalem Erleben versuchen einige Psychologen, Unterschiede zwischen mystischen und psychotischen Zuständen zu fassen. Als wesentlich für mystische Erfahrungen wird etwa die Umorganisation handlungsleitender Motive, Affekte, Welt- und Selbstbildvorstellungen herausgestellt. Mystische Erfahrungen werden in einem Bewusstseinszustand eigener Art erlebt, der auch als mystisches Bewusstsein bezeichnet wird. Es fällt allerdings durchaus nicht leicht, sie allein aufgrund ihrer Beschreibungen in ihrer Art immer sicher auch von Bewusstseinszuständen anderer Art zu unterscheiden – etwa von (über "Be*geist*erung" deutlich hinausgehenden) enthusiastischen, fanatischen bis ekstatischen Erlebnissen verschiedener Art.[14]

Literatur

Nachschlagewerke

- Peter Dinzelbacher (Hrsg.): *Wörterbuch der Mystik.* 2. Aufl. Kröner, Stuttgart 1998, ISBN 3-520-45602-8

Allgemeine Literatur

- Karl Albert: *Einführung in die philosophische Mystik.* WBG, Darmstadt 1996, ISBN 3-534-12948-2
- Bernard McGinn / Louis Dupré / Peter Moore: Art. *Mystical Union, Mysticism, Mystical Union*, in: Encyclopedia of Religion, Bd. 9, 6334-6359.
- Ronald W. Hepburn / Kai-man Kwan: *Nature and Assessment of Mysticism*, in: Encyclopedia of Philosophy, Bd. 6, 453-462.
- P. Heidrich / H. U. Lessing: Art. *Mystik, mystisch*, in: Historisches Wörterbuch der Philosophie, Bd. 6, 268-279.
- R. Norman: *Rediscovery of Mysticism*, in: Gareth Jones (Hg): *The Blackwell Companion to Modern Theology*, Blackwell Publishing 2004, 459ff;
- Michael Sells: *Mystical Languages of Unsaying. Chicago*; University of Chicago Press 1994 u.a. zu Plotin, Eriugena, Ibn Arabi, Marguerite Porete und Meister Eckhart
- Ninian Smart: Art. *History of Mysticism*, in: Encyclopedia of Philosophy, Bd. 6, 441-453.

Islam (und Sufismus)

- Arthur John Arberry [15] : *Sufism - An Account of the Mystics of Islam.* London: George Allen & Unwin LTD 1972.
- W. Chittick: *The Sufi Path of Knowledge*, Albany, NY: State University of New York Press 1989.
- Mehdi Aminrazavi: „Mysticism in Arabic and Islamic Philosophy" [16] in der *Stanford Encyclopedia of Philosophy* (englisch, inklusive Literaturangaben)
- Seyyed Hossein Nasr: Art. *Mystical philosophy in Islam* [17], in: Routledge Encyclopedia of Philosophy
- Annemarie Schimmel: *Sufismus. Eine Einführung in die islamische Mystik.* 2. Aufl. Beck, München 2003, ISBN 3-406-46028-3
- Annemarie Schimmel: *Mystische Dimensionen des Islam. Die Geschichte des Sufismus.* Insel, Frankfurt a.M. u.a. 1995, ISBN 3-458-33415-7
- J. O. Hunwick u.a.: Art. *Tasawwuf*, in: Encyclopaedia of Islam, 2. A., 313-340.

siehe auch: Literaturliste Sufismus

Christentum

- Werner Thiede: *Mystik im Christentum. Visionen und Gestalten.* Edition chrismon: Frankfurt/M. 2009, ISBN 978-3-86921-003-2.
- Klaus Berger: Was ist biblische Spiritualität? (GTB 1456) ISBN 3-579-01456-0
- Peter Dinzelbacher: *Christliche Mystik im Abendland. Ihre Geschichte von den Anfängen bis zum Ende des Mittelalters.* Schöningh, Paderborn u.a. 1994, ISBN 3-506-72016-3
- Peter Gerlitz u.a.: Art. *Mystik, Mystik und Kunst*, in: Theologische Realenzyklopädie, Bd. 23, 533-597.
- Bernard McGinn: *Presence of God: a History of Western Christian Mysticism.* 5 Bde., auch in deutscher Übersetzung: Die Mystik im Abendland, Herder 1994ff.
  - Band 1. *Ursprünge*, ISBN 978-3-451-23381-4 mit einem Überblick zu Forschungsgeschichte und Mystikbegriffen: 265ff
  - Band 2. *Entfaltung*, ISBN 978-3-451-23382-1
  - Band 3. *Blüte. Männer und Frauen der neuen Mystik (1200 -1350)*, ISBN 978-3-451-23383-8
  - Band 4. *The Harvest of Mysticism in Medieval Germany* (dt. Übers. in Vorb.)
- Dietmar Mieth: *Die Einheit von vita activa und vita contemplativa in den deutschen Predigten und Traktaten Meister Eckharts und bei Johannes Tauler.* 1969.
- Erwin Möde: Christliche Spiritualität und Mystik. Eine systematische Hinführung, Regensburg 2009, ISBN 978-3-7917-2182-8

- Kurt Ruh: *Geschichte der abendländischen Mystik.* 5 Bde. Beck, München 1990-1999.
- Korbinian Schmidt: *Mystische Erfahrung. Einheit oder Vielfalt?* LIT Verlag, Münster-Hamburg-Berlin-Wien-London 2006, ISBN 3-8258-9423-1
- D. Turner: *The Darkness of God, Negativity in Christian Mysticism*, Cambridge 1995. u.a. zu Pseudo-Dionysius, Augustinus, Bonaventura, Meister Eckhart, Johannes vom Kreuz

Judentum (auch Kabbala)

- J. Dan: *Jewish Mysticism and Jewish Ethics*, 1986.
- J. Dan: *Jewish Mysticism*, Bd. 1 Late Antiquity 1998, Bd. 2 The Middle Ages 1998.
- Moshe Idel / M. Ostow (Hgg.): *Jewish Mystical Leaders and Leadership*, 1998.
- Daniel C. Matt (Hrsg.): *Das Herz der Kabbala. Jüdische Mystik aus zwei Jahrtausenden.* Barth, Bern 1996, ISBN 3-502-65450-6
- Gershom Scholem: *Von der mystischen Gestalt der Gottheit. Studien zu Grundbegriffen der Kabbala.* Suhrkamp, Frankfurt a.M. 1977, ISBN 3-518-07809-7
- Gershom Scholem / Jonathan Garb / Moshe Idel: Art. *Kabbalah*, in: Encyclopaedia Judaica, 2. A., Bd. 11, 586-692.

Buddhismus

- Daisetz T. Suzuki: *Der westliche und der östliche Weg. Über christliche und buddhistische Mystik.* Neuaufl. Ullstein, Frankfurt am Main 1995.
- R.C.Dwivedi: *Buddhist mysticism*, in: R. C. Pandeya (Hg.): *Buddhist Studies in India*, 1975, 100-120.
- R.C.Dwivedi: *Buddhist mysticism*, in: K.L. Sharma / R.S. Bhatnagar (Hgg.): *Philosophy, Society and Action*, Essays in Honor of Prof. Daya Krishna, Jaipur 1984, 152-171; auch in: Akhila Bhāratīya Sanskrit Parishad 16-18 (1984-86), 97-114.
- Subhadra A. Joshi: *Buddhist mysticism: a comparative study*, in: Kalpakam Sankaranarayanan / Motohira Youtoniya / Shubhadra A. Joshi (Hgg.): *Buddhism In India and Abroad*, An Integrating Influence in Vedic and Post-Vedic Perspective, Bombay 1996,104-113.
- Trevor Ling: *Buddhist mysticism*, in: Religious Studies 1 (1966), 163-176.
- Hajime Nakamura: *Intuitive awareness: issues in early mysticism*, in: Japanese Journal of Religious Studies 12 (1985), 119-140.
- A.K.Sarkar: *Indian Buddhism and Chinese mysticism*, in: Bulletin of the Ramakrishna Mission Institute of Culture 39 (1988), 99-107.
- P.M.Rao: *Buddhism and mysticism*, in: Mahābodhi (Colombo) 65 (1957), 83-88.
- Pramod Kumar Singh: *Some observations on Buddhist mysticism*, in: Journal of the Indian Council for Philosophical Research 22/1 (2005), 129-140.
- Pramod Kumar Singh: *Buddhist mysticism: a few observations*, in: Indian Philosophical Quarterly 33 (2006), 221-230.

Weblinks

Überblicke

- Jerome Gellman: „mysticism“ [18] in der *Stanford Encyclopedia of Philosophy* (englisch, inklusive Literaturangaben)
- Rudolf Eisler: Artikel *Mystik* [19] in Eislers *Wörterbuch der philosophischen Begriffe* (1904)
- Helmut Walther: Zeittafel und Zitate zur Mystik [20]
- Birgit John (Hg.): Textsammlung zur Mystik der Weltreligionen [21]
- B. Janz: *Who's Who in the History of Western Mysticism* [22]
- Joseph Schumacher: Die Mystik im Christentum und in den Weltreligionen [23]
- Alexander Golitzin: Jewish Roots of Eastern Christian Mysticism [24], Marquette University 2002: Sammlung von Materialien, Aufsätze, Bibliographien (engl.)
- Martina Wehrli-Johns: Artikel *Mystik* [25] im Historischen Lexikon der Schweiz

Sonstiges

- Raoul Mortley: Ancient Mysticism : Greek and Christian Mysticism, and some comparisons with Buddhism. Publications of The Macquarie Ancient History Association 2 (1986), 1-12 [26]
- 68seitiges Infoheft „Mystik“ für kath. Religionspädagogen (PDF) [27] (3,92 MB)
- William Harmless SJ: Bibliographie [28] zur Spiritualität im Mittelalter
- Aquinata Böckmann OSB: Experientia Dei [29] Bibliographie
- Thomas Wagner: Profile engagierter Mystik [30], eine erziehungswissenschaftliche Untersuchung zu politisch-mystischen Identitätskonzepten im interreligiösen Vergleich, Diss. Uni Frankfurt/Main, Erziehungswissenschaften, 2006

Referenzen

[1] Vgl. Art. Mystik, mystisch, in: Historisches Wörterbuch der Philosophie, 6, 628 mit exemplarischen Belegen

[2] Beispielsweise bei Origenes, In Joh. 20, 12, GCS 4, 342

[3] Beispielsweise Meister Eckhart, Pr. 44, DW 2, 345

[4] Summa Theologiae, II, q. 8 a. 1 c. 3 c

[5] M. Schmaus, Der Glaube der Kirche, Bd. V/1, 2. A. 1992, 119.154

[6] Überliefert von al-Harawi und ibn Furak. Letzterer betont wie Ghazali, nicht Gott, sondern der Mensch sei verschleiert vorzustellen. Vgl. dazu Al-Ghazzālī: *Die Nische der Lichter*, dt. Übers. von A.-E. Elschazli, Hamburg: Meiner 1987, ISBN 3787306838, S. 54 und 85f.

[7] Ibn Arabi: Reise zum Herrn der Macht: Meine Reise verlief nur in mir selbst, deutsche Übersetzung von Franz Langmayr einer englischen Übersetzung von Rabia T. Harris, Zürich: Chalice 2008, ISBN 3905272733, S. 138

[8] Ludwig Wittgenstein: Tractatus Logico-Philosophicus, 1922, Satz 6.522 (Hervorhebung durch Kursivsatz gemäß Quelle)

[9] Karl Jaspers: *Psychologie der Weltanschauungen*, Heidelberg 1919 (Neuauflage 1954 mit einem kritischen Vorwort des Verfassers), ISBN 3-492-11988-3, S. 85 (zum Thema Mystik und mystische Einstellung auch: Seiten 85-89, 119, 160-166, 191-198, 440-462)

[10] Karl Jaspers: *Einführung in die Philosophie*, 1953, ISBN 3-492-04667-3, S. 24-31

[11] R. Kottje, B. Moeller (Hrsg.), Ökumenische Kirchengeschichte Band 2 – Mittelalter und Reformation, Mainz/München, 3. Aufl. (1983), S. 336 ff.

[12] Peter Padfield: *Himmler - Reichsführer SS.* Macmillan, London 1990, S. 402, ISBN 0-333-40437-8

[13] Richard Breitman: *Himmler und die Vernichtung der europäischen Juden.* Schöningh 1996, S. 193

[14] Vgl. für eine sehr viel ausführlichere und hier noch nicht hinreichend berücksichtigte Darstellung Gellman, l.c.

[15] Artikel in englischsprachiger Wikipedia (http://en.wikipedia.org/wiki/Arthur_John_Arberry)

[16] http://plato.stanford.edu/entries/arabic-islamic-mysticism/

[17] http://www.muslimphilosophy.com/ip/rep/H004.htm

[18] http://plato.stanford.edu/entries/mysticism/

[19] http://www.textlog.de/4495.html

[20] http://helmutwalther.privat.t-online.de/mystik2_zt.htm

[21] http://www.weltreligionen-und-mystik.de/

[22] http://www.religiousworlds.com/mystic/whoswho.html

[23] http://www.theologie-heute.de/MystikvorlesungI.pdf

[24] http://www.marquette.edu/maqom/

[25] http://www.hls-dhs-dss.ch/textes/d/D11416.php
[26] http://epublications.bond.edu.au/raoul_mortley/3/
[27] http://www.service.bistumlimburg.de/ifrr/PDFs/HEFT4_01.PDF
[28] http://moses.creighton.edu/harmless/bibliographies_for_theology/Mysticism_3.htm
[29] http://www.osb.org/rb/rbbib/b2exper2.html
[30] http://deposit.ddb.de/cgi-bin/dokserv?idn=978820568

Beginen und Begarden

Als **Beginen** und **Begarden** wurden ab dem 13. Jahrhundert die Angehörigen einer Gemeinschaft christlicher Laien bezeichnet. Beginen (weibliche Mitglieder) und Begarden (männliche Mitglieder) führten ein frommes, keusches Leben in ordensähnlichen Hausgemeinschaften, wurden von der römisch-katholischen Kirche teilweise als häretisch gebrandmarkt und sahen sich der Verfolgung durch die Inquisition ausgesetzt. Zu Beginn der Frühen Neuzeit wurden die Reste der Glaubensgemeinschaft kirchlich integriert oder schlossen sich der Reformation an.

Name

Andere Schreibweisen für Beginen und Begarden: Beguinen bzw. Begutten, Beguinae bzw. Beghardi, Beghinen bzw. Begharden, ferner: Beguini, Beckarden sowie Picarden.

Beginenhof in Brügge von außen.

Weitere Bezeichnungen für Beginen und Begarden: Polternonnen, Seelschwestern, Matemans (= Genossen), Zellenbrüder oder Celliten. Eine enge historische Verbindung bestand zu den Lollarden und zu den Brüdern und Schwestern des freien Geistes.

Der Name *Beginen* taucht bereits 1209/11 in Köln auf.[1] Zu dieser Zeit stellten die Begriffe *Beginen* und *Begarden* jedoch noch Fremdbezeichnungen dar, die von den *Brüdern* und *Schwestern* (so die Eigenbezeichnung) zurückgewiesen wurde. Erst im 15. Jahrhundert übernahmen auch die Mitglieder dieser Gemeinschaft diese Bezeichnungen.

Die Herkunft des Namens *Beginen* bzw. *Begarden* ist bis heute nicht eindeutig geklärt. Erzählungen in Verbindung mit dem Namen der Hl. Begga, die in einer späteren Epoche zur Schutzpatronin der Beginenhäuser gemacht wurde, scheinen auf einer Legende zu beruhen.

Eine Deutungsvariante sieht die Namensherkunft in der Ableitung vom Namen eines Lütticher Priesters: *Lambert le Bégues* (auch: *Lambert de Beghe =Stammler*) stiftete 1180 in Lüttich in einem ihm gehörenden großen Garten in der Nähe der Stadt eine Anzahl einzelner Häuschen, die er Jungfrauen und Witwen ohne Unterschied von Standes oder Vermögens unter der Bedingung zu Wohnungen gab, dass sie keusch und züchtig, arbeitsam und verträglich zusammen lebten.

Eine andere Deutung sieht im Begriff *Beginen* eine Verballhornung von *Al-bigen-ses*. Die Bezeichnung *Albigenser* wurde von kirchlicher Seite in ungenauer Weise für alle möglichen neuen aus ihrer Sicht ketzerischen Laienbewegungen verwendet, fand jedoch später seine häufigste Verwendung als Synonym für die Glaubensgemeinschaft der Katharer.[2]

Glaube und Organisation

Beginenhöfe in Brügge, Innenansicht

Männer und Frauen, unter letzteren viele alleinstehende Frauen und Witwen, schlossen sich seit dem Beginn des 13. Jahrhunderts ungeachtet ihres Vermögens oder Standes zu religiösen Gemeinschaften zusammen, ohne jedoch als Laien einer anerkannten Ordensgemeinschaft anzugehören. Als Beginen und Begarden verzichteten sie auf jeden persönlichen Besitz, lebten in ordensähnlichen Hausgemeinschaften und stellten ihren Unterhalt durch Betteln oder durch Handarbeit. Ziel der Beginen-Begarden-Bewegung war die Verwirklichung eines Lebens in der Nachfolge Christi in apostolischer Armut.

Beginen und Begarden legten nur ein Gelübde auf Zeit ab, das in der Regel jährlich erneuert wurde. Im Gegensatz zu den Ordensschwestern oder -brüdern in den Klöstern war es den Beginen und Begarden gestattet, wieder aus der Gemeinschaft auszuscheiden, zu heiraten und ein bürgerliches Leben zu führen, ihr Vermögen mussten sie in diesem Fall aber zurücklassen. Aus diesem Grunde lebten in der Blütezeit der Bewegung nur ältere Frauen in den Beginenhäusern, und es wurde zu einer feststehenden und durch päpstliche Bullen sanktionierten Regel, dass eine unverheiratete Frau nicht vor dem 40. Lebensjahr Begine wurde.

Die Beginen können als Teil der Beginen-Begarden-Bewegung als der erste weltliche Verein frommer Frauen im Christentum gelten.[3] Sie lebten in so genannten Beginenhöfen. Jede Gemeinschaft war souverän und selbständig. Sie besaß eine *Grande Dame* oder *Meisterin*, die aus ihrer Mitte, meist für ein Jahr, gewählt wurde. Die unterschiedlichen Beginenhöfe hatten bisweilen unterschiedliche Zielsetzungen. Beginen widmeten sich in ihrem Wirken nicht nur sittlich-religiösen sondern auch praktischen Zwecken, u.a. der Krankenpflege, der Betreuung Verlassener, der Rettung moralisch „Gefallener“ und der Erziehung. Weiterhin betätigten sie sich als Leichenwäscherinnen oder übten das Textilhandwerk aus. Auch wenn die meisten Beginen ursprünglich wohlhabend waren, sorgten sie durch diese Tätigkeiten für ihren Lebensunterhalt. Gebet und Kontemplation waren daneben wesentliche Lebensinhalte. Aus der Gemeinschaft der Beginen gingen einige bekannte Mystikerinnen hervor, beispielsweise Margareta Porete oder Juliana von Lüttich, auf deren Anregung das Fronleichnamsfest zurückgeht.

Bei jenen Beginen-Begarden-Gruppierungen, die der Häresie verdächtigt wurden, stand die katholische Kirche freilich in keinem guten Licht: *Absolute Armut und antiklerikale Opposition waren die Grundlagen, die sich bei allen häretischen Begardengemeinschaften finden, über die wir Quellen besitzen.*[4] Verwechslungsgefahr bestand bisweilen mit den ebenfalls von der Inquisition verfolgten Waldensern, da manche Beginen/Begarden die Leistung von Eiden oder den Glaube an das Fegefeuer ablehnten.

Geschichte

Beginenkloster in Stuttgart-Bad Cannstatt

Die Bewegung der Beginen und Begarden lässt sich erstmals zu Beginn des 13. Jahrhundert in Belgien und Flandern nachweisen.[5]

Auf dem vierten Laterankonzil 1215 wurde die Gründung neuer geistlicher Gemeinschaften generell verboten, ein Jahr später erhielten die Beginen und Begarden jedoch auf Ersuchen Jakob von Vitrys eine mündliche Bewilligung vom Papst. Darauf folgte die Zeit der größten Ausbreitung des Beginen- und Begardenwesens. Konvente entstanden in fast ganz Westeuropa, besonders in Oberitalien, Südfrankreich, Deutschland, den Niederlanden, Österreich, Böhmen und der Schweiz.

Die Beginen- und Begardengemeinschaften bestanden parallel bzw. in Opposition zu den katholischen Orden, von welchen sie sich durch ihr Laientum prinzipiell unterschieden und hatten den ortsansässigen Klerus oftmals gegen sich.

Neben den sesshaften Beginen- und Begardengemeinschaften entstanden in der zweiten Hälfte des 13. Jahrhunderts auch wandernde Gemeinschaften, die ebenfalls vom Betteln lebten. Sie vertraten häufig religiöse Vorstellungen des deutschen Mystikers Meister Eckhart und wurden nicht nur von der Kirche, sondern auch von den Städtern ungern gesehen. Besonders diese Gruppierungen gerieten in den Ruf, Häretikern nahe zu stehen bzw. selbst häretisches Gedankengut zu verbreiten. Insbesondere die deutschen Bischöfe bekämpften die Bewegung und setzten 1311 auf dem Konzil von Vienne eine Verurteilung durch, von der der Papst nur die südlichen Niederlande (Flandern) ausnahm. Die deutschen Beginenhöfe wurden in der Folge aufgelöst.

Während die Inquisition in Toulouse vom Jahr 1307 an zahlreiche Beginen und Begarden als Ketzer zur Einmauerung und Verbrennung verurteilte, erließ Papst Johannes XXII. am 7. März 1319 eine Bulle, in welcher allen denjenigen Beginen und Begarden, welche die Regel der Franziskaner-Tertiarier annehmen wollten, Gnade zugesichert wurde. Viele Gemeinschaften stellten sich daraufhin unter den Schutz des Franziskaner- oder Dominikanerordens. Mitte des 14. Jahrhunderts kam es im Heiligen Römischen Reich unter dem Inquisitor Walter Kerlinger zu intensiven Verfolgungen von Beginen und Begarden: Kaiser Karl IV. lobte 1369 die Verdienste Kerlingers um die angebliche Ausrottung der Beginen und Begarden in Magdeburg, Bremen, Thüringen, Sachsen und Hessen.[6] Die Bulle des Papstes Nikolaus V. vom 12. Februar 1453 nahm alle damals noch bestehenden Konvente in den Schoß der Kirche auf und verlieh ihnen die Rechte der Tertiarier. Beispiele für eine solche Gemeinschaft, die aus einer Beginengründung bis in unsere Zeit überlebte, sind die Dillinger Franziskanerinnen und die Franziskanerinnen von Maria Stern in Augsburg. Innerhalb des Reichsgebiets verschwanden die Beginen und Begarden mit dem 16. Jahrhundert. In Norddeutschland nahmen sie meist die Reformation an.

In Belgien, wo die Beginen kirchlich organisiert wurden, existieren sie heute so gut wie nicht mehr, 2004 wurde von nur noch 5 aktiven Beginen in Flandern (darunter in Kortrijk und Gent) berichtet.[7] 2008 starb in Gent die vorletzte Begine im Alter von 99 Jahren.[8] Die allerletzte Begine lebt in Kortrijk in einem Altersheim.[9]

Die UNESCO nahm 13 der 26 existierenden flandrischen Beginenhöfe, darunter den in Brügge, in die Liste des Weltkulturerbes auf.

Im Rahmen der Frauenbewegung kam es zu einigen Gründungen moderner "Beginenhöfe".[10] Diese knüpfen zwar an das soziale Modell der traditionellen Beginen an, verzichten aber auf deren christlich-religiöse Komponente und betonen insbesondere den Aspekt des selbstbestimmten Zusammenlebens in Frauengemeinschaften.

Siehe auch

- Chronologie der christlichen Kirchen, Konfessionen und Sondergruppen

Literatur

- Anne Arnold: *Liebe und tue, was du willst. Eine historische Biographie der Begine Marguerite Porete*, Books on Demand ISBN 3-8334-3425-2
- Herbert Grundmann: Religiöse Bewegungen im Mittelalter. Darmstadt 1970 (Erstauflage 1936)
- Gertrud Hofmann / Werner Krebber: *Die Beginen. Geschichte und Gegenwart,* Topos plus 530. 2. aktual. Ausgabe. Mainz/Kevelaer 2008. ISBN 978-3-8367-0530-1
- Richard Kieckhefer: *Repression of Heresy in Medieval Germany*, Philadelphia 1979, Kap. 3
- Hannah Keß: Klausnerin - Nonne - Begine? Eine schwierige Kategorisierung. Zum Beginenwesen in Franken, in: Zeitschrift für fränkische Landesforschung 67 (2007), S. 19-48.
- Edeltraud Klueting: Beginen, Mantellaten und Karmelitinnen im 15. Jahrhundert. In: Edeltraud Klueting(Hrsg.), Fromme Frauen - unbequeme Frauen? Weibliches Religiosentum im Mittelalter. Hildesheimer Forschungen Band 3. 2006. S. 205ff.
- Gordon Leff: *Heresy in the Later Middle Ages*, 2 Bde., New York 1967
- Robert E. Lerner: *The Heresy of the Free Spirit in the Later Middle Ages*, Berkeley-Los Angeles: University of California Press, 1972
- Bernard McGinn: *The Flowering of Mysticism. Men and Women in the New Mysticism (1200-1350), Bd. 3 von* The Presence of God: A History of Western Christian Mysticism, *New York: Crossroads 1998, Kap. 1,4 und 5 (auch in dt. Übersetzung)*
- Saskia Murk-Jansen: *Brides in the Desert. The Spirituality of the Beguines*, London 1998
- Otto Nübel: *Mittelalterliche Beginen- und Sozialsiedlungen in den Niederlanden. Ein Beitrag zur Vorgeschichte der Fuggerei.* Zugleich: Dissertation vom 27. November 1968, Fakultät für Wirtschafts- und Sozialwissenschaften, Universität Erlangen-Nürnberg. Tübingen: Mohr (Siebeck), 1970, XXI, 335 S. (Veröffentlichungen der Schwäbischen Forschungsgemeinschaft bei der Kommission für Bayerische Landesgeschichte: Reihe 4. Studien zur Fuggergeschichte; Band 23)
- Alexander Patschovsky: *Strassburger Beginenverfolgungen im 14. Jahrhundert*, in: Deutsches Archiv für Erforschung des Mittelalters 30 (1974), 56-198, Online-Veröffentlichung [11]
- Dayton Phillips: *Beguines in Strassburg. A Study of the Social Aspect of Beguine Life*, Stanford 1941
- Frank-Michael Reichstein: *Das Beginenwesen in Deutschland. Studien und Katalog,* Verlag Dr. Köster: Berlin 2001, ISBN 3-89574-427-1
- Marco Schäfer: Diakonie in mittelalterlichen Beginengemeinschaften, in: Eurich, Johannes (Hg.): Diakonisches Handeln im Horizont gegenwärtiger Herausforderungen. DWI-INFO Nr. 38 des Diakoniewissenschaftlichen Institutes der Theologischen Fakultät der Ruprecht Karls-Universität Heidelberg, Heidelberg November 2006, S. 115-139 (ISSN 0949-1694)
- Walter Simons: *Cities of Ladies. Beguine Communities in the Medieval Low Countries, 1200-1565*, Philadelphia 2001
- Jacqueline Tarrant: *The Clementine Decrees on the Beguines. Conciliar and Papal Versions*, in: Archivum Historiae Pontificae 12 (1974), 300-308
- Helga Unger: *Die Beginen. Eine Geschichte von Aufbruch und Unterdrückung der Frauen,* Herder Verlag: Freiburg im Breisgau/Basel/Wien 2005, ISBN 3-451-05643-7
- Olaf Mußmann: *Beginen – „Kommunardinnen" des Mittelalters? Die „via media" in Hannover.* In: *Frauenwelten. Biographisch-historische Skizzen aus Niedersachsen.* Hrsg.: Angela Dinghaus, S. 19–32
- Regina Doblies: *Die Renaissance der Beginen.* In: Westfalenspiegel 4/2009, S. 28f.

Weblinks

- Beginen, Begarden und Terziaren im 14. und 15. Jahrhundert [12]
- Beginen im Heiligenlexikon [13]

Referenzen

[1] Herbert Grundmann, Religiöse Bewegungen im Mittelalter. Darmstadt 1970 (Erstauflage 1936), S. 48.

[2] Herbert Grundmann, Religiöse Bewegungen im Mittelalter. Darmstadt 1970 (Erstauflage 1936), S. 48.

[3] Georg Denzler: Die verbotene Lust. 2000 Jahre christliche Sexualmoral.

[4] Martin Erbstößer, Sozialreligiöse Strömungen im späten Mittelalter. Geißler, Freigeister und Waldenser im 14. Jahrhundert. Berlin 1970, S.113.

[5] Alexander Patschovsky: Ketzer und Ketzerverfolgung in Böhmen im Jahrhundert vor Hus. In: Geschichte in Wissenschaft und Unterricht. Jg. 32, Heft 5, Mai 1981, Ernst Klett 1981, S. 267.

[6] Haupt, Herman: Waldenserthum und Inquisition im südöstlichen Deutschland seit der Mitte des 14. Jahrhunderts. In: Deutsche Zeitschrift für Geschichtswissenschaft 3 (1890), S. 353.

[7] Der Tagesspiegel online, Reisemagazin, 27. Juni 2004, Online. (http://archiv.tagesspiegel.de/archiv/27.06.2004/1205133.asp)

[8] http://www.oecumene.radiovaticana.org/ted/Articolo.asp?c=207945

[9] http://www.wtv.be/articles/articles_teasers.jsp?siteID=33§ionID=299&articleID=34596§ionID_teasers=297&datum=26-05-2008

[10] Liste moderner Beginenhöfe in Deutschland. (http://www.beginenhof.de/basics/netzwerk_c.php)

[11] http://webdoc.sub.gwdg.de/ebook/p/2001/patschovsky/www.uni-konstanz.de/fuf/philo/geschichte/patschovsky/aufsaetze/inhalt/ia/ia.html

[12] http://www.uni-konstanz.de/FuF/Philo/Geschichte/Patschovsky/aufsaetze/Inhalt/xxii/xxii.html

[13] http://www.heiligenlexikon.de/Orden/Beginen.htm

Dominikus

Der **Heilige Dominikus**, lat. *Dominicus*, bürgerl. **Domingo de Guzmán** (* um 1170 in Caleruega bei Burgos (Altkastilien); † 6. August 1221 in Bologna, Italien) war der Gründer des Predigerordens der Dominikaner.

Tizian, der Heilige Dominikus, ca. 1565

Leben

Dominikus wurde als Domingo de Guzmán als Sohn eines kastilischen Gutsherrn in Caleruega geboren. Die Familie gehörte zum Adel und stand der Kirche nahe: Sein Bruder Antonio war Weltpriester, der sich in einem Spital in der Krankenpflege engagierte. Sein Bruder Manes schloss sich später den Dominikanern an. Die Mutter Johanna und der Bruder Manes wurden selig gesprochen.

Im Alter von fünf Jahren wurde Dominikus zu einem Onkel mütterlicherseits gebracht, der Erzpriester war. Dort wurde Dominikus unterrichtet, bis er im Alter von 14 Jahren sein Studium der Freien Künste in Palencia begann. Schon bald danach begann er, Theologie und Philosophie zu studieren. Beeindruckt durch eine Hungersnot verkaufte er während des Studiums seine eigenen Bücher, um mit dem Erlös Notleidenden zu helfen. 1196 wurde er Kanonikus der Augustiner an der Kathedrale von Burgos und einige Jahre später Prior. In dieser Zeit führte er ein zurückgezogenes kontemplatives Leben.

Zu Beginn des 13. Jahrhunderts reiste er mit seinem Bischof Diego de Acebo durch Südfrankreich, wo damals die Katharerbewegung auf ihrem Höhepunkt war. Es fiel ihm auf, dass die Albigenser die Leute durch die Askese und das intellektuelle Niveau ihrer Leiter anzogen, was in starkem Kontrast zur Lebensweise und geringen theologischen Bildung der örtlichen Bischöfe und Priesterschaft stand. Auch predigten die Katharer dem einfachen Volk in der

Volkssprache, was in der katholischen Kirche damals nicht üblich war. Überzeugt, dass es bessere Mittel als Gewalt gibt, um Ketzerei zu bekämpfen, begann Dominikus, zunächst gemeinsam mit seinem Bischof, im Missionsauftrag Papst Innozenz' III. ein Leben als Wanderprediger in den Gebieten des Languedoc. Anfänglich trug ihm das wenig Erfolg, dafür Beleidigungen, Drohungen und Steinwürfe ein. Bald erkannte er, dass die Predigt der Zisterzienser wegen deren prunkvollem Auftreten wenig Erfolg hatte. Er verband seine Predigt mit einem disziplinierten geistlichen Leben und intensivem Studium, um die bestmöglichen Argumente gegen die Ketzerei zu finden, und engagierte sich in theologischen Disputationen mit den Katharern. Er gründete ein Frauenkloster in Prouille, um einen Gegenpol zu den Frauenklöstern der Katharer zu bilden, in denen viele, auch nicht-katharische Mädchen eine Ausbildung erhielten. Der Erzbischof von Toulouse stellte ihm eine Kirche und ein Haus für eine Mönchsgemeinschaft zur Verfügung.

1208 wurde der Zisterzienser und päpstliche Legat Pierre de Castelnau, vermutlich auf Befehl des Grafen Raimund von Toulouse, ermordet, was Papst Innozenz III. den seit längerem gesuchten Anlass gab, die Unterstützung nordfranzösischer Fürsten und des Königs von Frankreich einzufordern, um einen Kreuzzug gegen die Katharer und ihre örtlichen Unterstützer, insbesondere den Grafen von Toulouse (Raimund VI.) und den Vizegrafen von Béziers, durchzuführen (siehe: Albigenserkreuzzug). Zu dem von den französischen Teilnehmern gewählten Anführer Simon IV. de Montfort stand Dominikus bereits seit 1204 in einer persönlichen Beziehung. Er folgte dessen Armee, befasste sich jedoch in erster Linie damit, in den eroberten Orten zu predigen. Von 1212 bis 1215 wurde ihm dreimal ein Bistum angeboten, aber Dominikus lehnte jeweils ab.

1215 gründete er in Toulouse mit sechs anderen eine lokale Kongregation mit dem Zweck, die katholische Lehre zu verbreiten und Ketzerei zu bekämpfen. Im gleichen Jahr fand in Rom das vierte Laterankonzil statt, dessen zehnter Kanon eine Intensivierung von Predigt und Seelsorge fordert. Als Dominikus bei Papst Innozenz III. um eine Genehmigung zur Ordensgründung ersuchte, wurde dies abgelehnt, aber er wurde ermuntert eine bestehende Ordensregel zu übernehmen. Also nahm Dominikus die Regel der Augustiner-Kanoniker an, die er seinen Bedürfnissen anpasste. Er fügte die Regel der Armut hinzu, aus der Erfahrung heraus, dass es vor allem die materielle Verweltlichung der Kirche und ihrer Amtsträger war, was ihre Glaubwürdigkeit in der Bevölkerung beschädigte und die Entstehung von Häresien begünstigte. 1216 wurde der Orden der Prediger vom Papst genehmigt.

Autodafé unter Vorsitz des hl. Dominikus (Gemälde von Pedro Berruguete, 1475)

Von Anfang an betonte der *Orden der Prediger* - so der offizielle Name der Dominikaner - das Studium, in starkem Gegensatz zu Franz von Assisi, der seinen Brüdern nicht einmal den Besitz eines Psalters erlaubte. Die Dominikaner mussten intellektuell gut ausgerüstet sein, um den Argumenten der Ketzer zu begegnen, und deshalb erhielten ihre Novizen eine sorgfältige Schulung. Der Orden wuchs rasch: In den vier Jahren nach der Gründung entstanden neun Priorate in Italien, sechs in Frankreich, und zwei in Spanien, und die Brüder predigten in England, Skandinavien, Ungarn und Deutschland mit insgesamt 60 Konventen. In Paris und Bologna lehrten bald dominikanische Professoren. Dominicus reiste von Kloster zu Kloster und predigte selbst mit großem Erfolg (in der Lombardei soll er Zehntausende bekehrt haben).

Am 6. August 1221 starb Dominikus mit 51 Jahren nach mehrwöchiger Krankheit in Bologna. Er starb im Bett eines Mitbruders, da er kein eigenes hatte, und im Ordenskleid eines Mitbruders, da er kein zweites hatte, um sein eigenes abgetragenes Ordenskleid zu wechseln.

Von seinen Mitbrüdern wurde er als ausgeglichener, freundlicher und fröhlicher Mann mit viel Mitleid für jede Art von Leiden geschildert.

Gedenktag

Dominikus wurde am 13. Juli 1234 von Papst Gregor IX. heilig gesprochen. Sein Gedenktag ist der 8. August.

Er ist der Schutzpatron der Astronomen, der Wissenschaftler, der fälschlich Angeklagten, der Dominikanischen Republik und der Städte Bologna, Madrid und Córdoba.

Ikonografie

Fresko von Dominikus auf einem Gelübtepfeiler *(pilone votivo)* in der Kirche von Cantarana (Italien)

Attribute von Dominikus sind Kreuz, Rosenkranz, Buch und Weltkugel, Lilienstengel, Stern auf der Stirn und Hund mit brennender Fackel.

Patronanzen

- Sankt Dominik
- Saint Dominic (engl.)
- Saint Dominique (fr.)
- San Domenico (ital.)
- Santo Domingo (auch: San Domingo, span., port.)
- Dominikuskirche

Trivia

1963 erreichte die belgische Nonne Sœur Sourire mit einem Lied über Dominikus unter dem Titel *Dominique* die Nummer 1 der Hitparade.

Literatur

- Wolfram Hoyer (Hg.), Jordan von Sachsen, Von den Anfängen des Predigerordens, Dominikanische Quellen und Zeugnisse Bd. 3, Benno Leipzig 2002, ISBN 3-7462-1574-9
- Jean-René Bouchet, Dominikus: Gefährte der Verirrten, aus d. Franz. von Michael Marsch, Verlag aktuelle texte, Heiligenkreuztal 1989, ISBN 3-921312-37-X
- Guy Bedouelle, Dominikus - Von der Kraft des Wortes, Styria Graz-Wien-Köln 1984, ISBN 3-222-11513-3
- Meinolf Lohrum, Dominikus, Benno Leipzig 1987, ISBN 3-7462-0047-4
- Peter Dyckhoff: Mit Leib und Seele beten. Illustrationen und Text einer mittelalterlichen Handschrift über die neun Gebetsweisen des heiligen Dominikus. ISBN 3-451-28231-3

Weblinks

- Eintrag im Ökumenischen Heiligenlexikon [1]
- *Dominikus* [2]. In: *Biographisch-Bibliographisches Kirchenlexikon* (BBKL).

Referenzen

[1] http://www.heiligenlexikon.de/BiographienD/Dominikus.htm

[2] http://www.bbkl.de/d/dominikus.shtml

Dominikaner

Der Orden der **Dominikaner** (Ordo fratrum Praedicatorum, abgekürzt OP), auch **Predigerorden**, wurde im frühen 13. Jahrhundert vom heiligen Dominikus gegründet.

Ordenswappen der Dominikaner

Gründung und frühe Geschichte

Dominikus wurde 1170 in der kastilischen Ortschaft Caleruega geboren. Schule und Studium absolvierte er in Palencia[1] . 1196 trat er in das Domkapitel von Osma in Kastilien ein, wurde dort zum Priester geweiht und wurde 1201 Subprior des Kapitels. Auf Reisen im Gefolge seines Bischofs Diego de Acevedo wurde er in Südfrankreich mit den dortigen Erfolgen der Katharer konfrontiert. Der Katharismus fand aufgrund der asketischen Lebensweise und rhetorischen Überzeugungskraft seiner Prediger großen Anklang in der Bevölkerung. Von den örtlichen Feudalherren wurde er toleriert oder auch gefördert, während die theologisch und seelsorgerisch wenig ambitionierte katholische Geistlichkeit hauptsächlich um die Sicherung ihrer Pfründen und weltlichen Privilegien bemüht war. Auch die von Papst Innozenz III. als Legaten beauftragten Zisterzienser, die den Schwerpunkt ihrer Tätigkeit nicht in der Missionierung, sondern in der politischen Diplomatie und der Herbeiführung repressiver Maßnahmen sahen, hatten sich vor allem den Hass der Bevölkerung zugezogen, aber dem Katharismus keine wirksamen Maßnahmen entgegensetzen können.

Dominikus in einem Fresko von Fra Angelico in San Marco (Florenz)

Diego hatte zunächst das Projekt einer Missionierung der Türken verfolgt und ersuchte Innozenz III. in Rom dafür um Befreiung von seinem Bischofsamt. Dem Papst war jedoch die innerchristliche Missionierung in Südfrankreich das vordringliche Anliegen. Ende 1204 kehrten die beiden über Cîteaux nach Südfrankreich zurück und stimmten ihre Missionstätigkeit mit den päpstlichen Legaten (u.a. Pierre de Castelnau) ab. Mit Unterstützung des neuen Bischofs von Toulouse, des Zisterziensers und ehemaligen Trobadors Folquet de Marseille, gründeten sie 1206/1207 in Prouille (okzitanisch: Prouilhe) in der Nähe von Fanjeaux einen Konvent für bekehrte Katharerinnen, die in den ersten Jahren nach der Regel der Zisterzienser lebten. Während Diego nach Osma zurückkehrte und dort Ende 1207 verstarb, blieb Dominikus in Südfrankreich und widmete sich von Prouille aus weiter seiner inneren Berufung, durch ein Wanderleben zu Fuß, statt herrschaftlich zu Pferde, in apostolischer Armut und durch rastlosen Einsatz als

Prediger die Bevölkerung wieder zum katholischen Glauben zu bekehren. Diesem Programm, das das Betteln als Form des Lebensunterhalts einschloss und dadurch im Widerspruch zu den noch gültigen kirchlichen Vorschriften stand, erteilte am 17. November 1206 auch der Papst eine erste offizielle Genehmigung. Als es 1208 zu dem vom Papst seit längerem vorbereiteten militärischen Kreuzzug gegen die Katharer kam (siehe: Albigenserkreuzzug), war Dominikus anscheinend nicht maßgeblich an der Organisation und Propaganda des Kreuzzuges beteiligt, sondern ihm fiel vor allem die Aufgabe zu, die Überlebenden in der mit großer militärischer Brutalität unterworfenen Region nunmehr auch geistlich zu bekehren, wobei seine Missionstätigkeit unter anderem dadurch gefördert wurde, dass der militärische Anführer des Kreuzzuges, Simon IV. de Montfort, und die neuen katholischen Herren den Konvent von Prouille mit Schenkungen und Privilegien bedachten.

1215 wurden Dominikus und sechs seiner Gefährten durch Bischof Fulko von Toulouse in rechtsverbindlicher Form als Predigergemeinschaft approbiert. Grundlage des Ordens war von Anfang an die Augustinusregel, weshalb die Dominikaner zu den augustinischen Orden gezählt werden. Diesen Regeln fügte die Gemeinschaft Konstitutionen bei, die sich auf die Durchführung des Predigtauftrags bezogen. Die Brüder waren beauftragt, die Häresie zu bekämpfen und den Glauben zu predigen, und erhielten dazu die Erlaubnis, als Wanderprediger ein Leben in religiöser Armut zu führen. Die dafür erforderlichen Mittel wurden ihnen durch Almosen der Diözese zugeteilt; was davon nicht gemäß der Zweckbestimmung verbraucht wurde, war am Ende des Jahres zurückzuerstatten. Diese neue Institution wurde noch im selben Jahr durch eine päpstliches Schreiben approbiert und 1215 dann durch den 10. Kanon des IV. Laterankonzils, dort allerdings ohne Festlegung des Prinzips apostolischer Armut, allen Bischöfen vorgeschrieben.

Zurückgekehrt nach Toulouse entsandte Dominikus am Fest Mariä Himmelfahrt 1217 (15. August) seine Mitbrüder in die Welt – zunächst nach Paris und nach Spanien – zur Gründung neuer Konvente, hierin dem biblischen Vorbild Christi bei der Entsendung der Jünger folgend. Zum Jahreswechsel hielt er sich erneut in Rom auf und erwirkte am 11. Februar 1218 eine päpstliche Enzyklika, in der das Armutsprinzip der Prediger bekräftigt und die Amtsträger der Kirche zu deren Unterstützung aufgefordert wurden. Im selben Jahr folgten Gründungen der ersten italienischen Konvente, in Bologna und durch Dominikus selber in Rom. Von Rom begab er sich über Toulouse nach Spanien, Nordfrankreich (Paris) und erneut nach Italien, um die Gründung und Organisation neuer Konvente persönlich zu unterstützen. Als besonders folgenreich erwiesen sich hiervon die frühen Gründungen in Paris und Bologna, die wesentlich dazu beitrugen, dass der Orden durch Lehrstühle an den entstehenden Universitäten und durch Einrichtung eigener Generalstudien bald eine führende Rolle in der mittelalterlichen Wissenschaft einnehmen konnte.

Bulle "Religiosam vitam" vom 22. Dezember 1216

1220, als bereits annähernd 60 Niederlassungen bestanden, hielt Dominikus zu Pfingsten in Bologna die erste Generalversammlung des Ordens ab. Das Generalkapitel ergänzte die erste Fassung (*prima distinctio*) der Satzungen von 1216 durch eine *secunda distinctio* und gab dem Orden seine in den Grundzügen bis heute gültige Organisationsform. Es besiegelte zugleich die Entwicklung von einem Kanonikerorden zu einem Bettelorden *sui generis* durch die Verschärfung des Armutsprinzips, indem außer dem persönlichen auch der gemeinschaftliche Besitz und feste Einkünfte ausgeschlossen wurden. Nach neuerlichen Predigten in Oberitalien, wo Honorius III. zum Vorgehen gegen die aus Südfrankreich zugelaufenen Katharer aufgerufen hatte, verstarb Dominikus am 6. August in Bologna.

Die von dem zweiten Ordensmeister Jordan von Sachsen als *Constitutiones* zusammengestellten Satzungen und Regelwerke des Ordens wurden von dessen Nachfolger Raimund von Peñafort, einem der größten Kanonisten seiner Zeit, in eine systematische Ordnung gebracht und seither durch die Generalkapitel immer wieder geändert oder ergänzt. Seit der frühen Zeit herrschte allerdings ein gewisser Pragmatismus in der Anwendung der Vorschriften, indem in Einzelfällen Dispensationen möglich waren und tatsächlich auch häufig erteilt wurden, um Hindernisse bei der Ausübung des Studiums oder der Predigt auszuräumen. Seit dem Generalkapitel von 1236 wurden Verstöße gegen die Constitutiones außerdem nicht mehr als Sünde, sondern als durch Buße abzugeltendes Vergehen bewertet.

Das strenge Armutsprinzip wurde im Lauf des 14. Jahrhunderts vielfach dadurch gelockert, dass einzelne Ordensmitglieder Benefizien annahmen und dadurch die *vita privata* als Usus einführten. Durch das große abendländische Schisma wurde der Orden zeitweise in drei "Observanzen" zerrissen. Raimund von Capua als Generalmeister der römisch-urbanianischen Observanz initiierte 1390 eine Reformbewegung, die die *vita privata* zurückdrängen und die *vita apostolica* erneuern sollte. Dies führte zur Gründung von Reformkonventen, die sich ihrerseits zu Reformkongregationen und Reformprovinzen zusammenschlossen. Als bindende Vorschrift wurde das ursprüngliche Armutsprinzip *de jure* aufgehoben, als Martin V. 1425 zunächst einzelnen Konventen und Sixtus IV. 1475 dem gesamten Orden Besitz und feste Einkünfte erlaubte.

Verfassung des Ordens

Was den Orden der Predigerbrüder von seiner Gründung her auszeichnet, ist seine demokratische Verfassung. Alle Brüder tragen gemeinsam die Verantwortung für die Verwirklichung der Ziele der Ordensgemeinschaft. Es gibt ein Mitspracherecht auf allen Ebenen. Alle Oberen werden auf Zeit gewählt. Wichtige Entscheidungen werden von der Gemeinschaft der Brüder oder ihrer jeweiligen Delegierten im Konvents-, Provinz- oder Generalkapitel getroffen.

Der kleinste Baustein des Ordens ist ein Kloster, der sogenannte Konvent, der traditionell aus mindestens sechs Mitgliedern besteht. Hier leben die Brüder in Gemeinschaft zusammen, halten gemeinsam das Chorgebet und erfüllen ihre Aufgaben im Studium, in der Predigt innerhalb und außerhalb des Konvents und zum Teil auch in Übernahme von Aufgaben der pfarrlichen oder kategorialen Seelsorge (Krankenhaus, Gefängnis, Beratungsdienste etc.). Der Obere eines Konventes wird Prior genannt und auf drei Jahre gewählt. Er wird vom nächsthöheren Oberen, dem Provinzial, bestätigt. Die Konvente sind zu Provinzen zusammengeschlossen, heute insgesamt 42, denen jeweils ein Provinzial vorsteht. Er wird für vier Jahre auf dem alle vier Jahre tagenden Provinzkapitel gewählt, das sich aus den gewählten Prioren und zusätzlich gewählten Delegierten zusammensetzt. Der Provinzial wird vom Ordensmeister, dem höchsten Oberen des Ordens bestätigt. Der Ordensmeister wiederum wird vom Generalkapitel, der obersten gesetzgebenden Versammlung, auf neun Jahre gewählt. Wähler sind hier jeweils die gewählten Provinziale sowie von den Provinzen gewählte Delegierte.

Spiritualität

Die Spiritualität des Ordens wird vom Ziel her bestimmt: „den Namen des Herrn Jesus Christus aller Welt zu verkündigen" (Papst Honorius III.). Die Predigt fließt aus der Fülle der Beschauung, so dass Thomas von Aquin formulieren konnte: „contemplari et contemplata aliis tradere" (sich der Kontemplation widmen und die Frucht der Kontemplation weitergeben). Die spezifische Lebensform der Dominikaner, für die das Gemeinschaftsleben, das feierliche gemeinsame Chorgebet und das ständige Studium charakteristisch sind, führt zur Verkündigung in Wort und anderen apostolischen Aktivitäten.

Inquisition

"Domini-Canes" in Marburg

Der Dominikanerorden stellte seit dem Beginn der Inquisition zu Beginn des 13. Jahrhunderts im päpstlichen Auftrag Inquisitoren zur Aufspürung und Verfolgung von Häretikern. Aufgrund der Erfahrungen, die der Orden bereits früh in Auseinandersetzung mit *Ketzern* gesammelt hatte sowie seiner intellektuellen Ausrichtungen, bot er dafür besonders gute Voraussetzungen. Bereits 1231-33 vergab Papst Gregor IX. in seinem mehrfach ausgestellten Sendschreiben *Ille humani generis* mehreren Dominikanerkonventen den Auftrag zur Ketzerverfolgung. Besonders aktiv wurden die Dominikaner, die man deshalb auch als *domini canes* (*Hunde des Herrn*) bezeichnete, daraufhin in Südfrankreich bei der inquisitorischen Bekämpfung der Katharer. Neben Inquisitoren aus den Reihen anderer Orden, etwa der Franziskaner, wirkten Dominikaner als Inquisitoren während des gesamten Mittelalters v.a. in Frankreich, Italien und im Heiligen Römischen Reich. Bedeutende Dominikanerinquisitoren waren u.a. Bernard Gui († 1331), Walter Kerlinger († 1373), Tomás de Torquemada († 1498), der erste Großinquisitor der *Spanischen Inquisition* oder Jakob van Hoogstraten († 1527). Umgekehrt fielen auch Mitglieder des Dominikanerordens der Inquisition zum Opfer, wie Giordano Bruno oder Girolamo Savonarola.

Abseits der Ketzerinquisition beteiligten sich Dominikaner auch an der Hexenverfolgung, darunter Nicolas Jacquier († 1472) oder Heinrich Kramer († 1505), der Autor des Hexenhammers.

Im Jahr 2000 nahm das Provinzkapitel der Dominikanerprovinz Teutonia zur historischen Beteiligung der Dominikaner an der Inquisition und Hexenverfolgung kritisch Stellung (siehe hier).

Der Orden in der Gegenwart

In der heutigen Zeit sind für die Dominikaner vor allem folgende Prioritäten für ihr Tun leitend:

- Die Katechese in nichtchristlichen Kulturen, geistigen Systemen, sozialen Bewegungen und religiösen Traditionen.
- Die Gerechtigkeit in der Welt: kritische Analyse der Ursprünge, Formen und Strukturen von Gerechtigkeit in unserer Welt und Einsatz für die Befreiung des Menschen.
- Die Inanspruchnahme sozialer Kommunikationsmittel für die Verkündigung des Wortes Gottes.

Bedeutende Dominikanerkirchen, auch Predigerkirchen genannt, sind die Französische Kirche in Bern sowie weitere Beispiele in Basel, Eisenach, Erfurt, Rottweil oder Zürich. Viele davon befinden sich heute nicht mehr im Besitz des Dominikanerordens. 1953 baute der bekannte französische Architekt Le Corbusier Kirche und Kloster der Dominikaner Sainte-Marie de la Tourette bei Lyon. Heute wird das Kloster von den Dominikanern überwiegend als Bildungsstätte genutzt.

Der Generalobere der Dominikaner wird Ordensmeister (Magister Ordinis) genannt. Der derzeitige Ordensmeister ist Carlos Azpiroz Costa. *Siehe auch:* Liste der Ordensmeister der Dominikaner

Der Orden hat zum 31. Dezember 2007 das 1925 gegründete Kloster St. Albert (Walberberg) im rheinischen Bornheim geschlossen. Das Kloster beherbergte von 1934 bis 1974 die *Albertus-Magnus-Akademie* als Philosophisch-Theologische Hochschule der Dominikaner. Während des Krieges wurde die Klosteranlage als Lazarett genutzt, 1941 zugunsten des "Großdeutschen Reiches" enteignet und 1945 dem Orden zurückgegeben. 1949 nahm die Albertus Magnus Akademie ihren Lehrbetrieb wieder auf. In dem Kloster, das in einer mittelalterlichen

Burganlage liegt, war neben der Philosophisch-Theologischen Hochschule auch das "Walberberger Institut", die Heimvolkshochschule der Dominikaner, sowie das von P. Eberhard Welty OP begründete Institut für Gesellschaftswissenschaften untergebracht, das später lange Jahre von Heinrich Basilius Streithofen geleitet wurde und heute seinen Sitz in Bonn hat. Am 25. November 2007 feierten die Walberberger Dominikaner zusammen mit ihrem Provinzial P. Hans-Albert Gunk OP und Brüdern aus allen Niederlassungen unter großer Anteilnahme vieler Gläubiger in der Klosterkirche den letzten feierlichen Gottesdienst. Mit Schreiben vom 31. Dezember 2007 hat der höchste Obere der Dominikaner, der Ordensmeister P. Carlos Azpiros Costa OP, gemäß den Ordenssatzungen das Walberberger Dominikanerkloster St. Albert ordens- und kirchenrechtlich aufgehoben. Die ca. 160.000 Bände umfassende bedeutende Bibliothek des Klosters befindet sich als Dauerleihgabe in der Erzbischöflichen Dom- und Diözesanbibliothek in Köln, wo sie für den öffentlichen Leihverkehr zur Verfügung steht. Zum 1. März 2008 wurde der Klosterkomplex an eine private Unternehmensgruppe verkauft, die Einrichtungen im Bereich Betreutes Wohnen, Pflege, Hotel und Gastronomie betreibt.

Statistik

Heute gibt es weltweit ca. 6.000 Brüder und über 30.000 apostolisch-karitativ tätige Schwestern.

Zur Provinz *Teutonia* (gegründet 1221) gehören 9 Konvente: Köln (Provinzialat), Düsseldorf, Vechta, Hamburg, Berlin, Braunschweig, Leipzig, Worms, Mainz (Studienhaus). Das Noviziat befindet sich in Worms (www.noviziat.de). Darüber hinaus gibt es eine kleinere Niederlassung (Domus) im Wallfahrtsort Klausen bei Trier. Zur Provinz Teutonia gehört des Weiteren ein ausländisches Vikariat in Bolivien mit 6 Niederlassungen (Santa Cruz de la Sierra, Cochabamba, Pampagrande, Comarapa, Samaipata, Mairana, Potosi).

Die Süddeutsch-Österreichische Provinz umfasst sieben Konvente: ein Konvent in Baden-Württemberg (Freiburg), drei in Bayern (Augsburg, München St. Kajetan, München St. Katharina) und drei in Österreich (Wien, Graz, Friesach).

Siehe auch

- Dominikanerinnen
- Laiendominikaner
- École biblique et archéologique française de Jérusalem
- Dominikanerkloster, Liste der Klöster

Bekannte Dominikaner

A Albertus Magnus, Fra Angelico, Aurelius Arkenau **B** Benedikt XI., Benedikt XIII., Joseph Maria Bocheński, Wunibald Maria Brachthäuser, Odilo Braun, Giordano Bruno **C** Tommaso Campanella, Bartolomé de Las Casas, Colmarer Dominikanerchronist, Georges Marie Martin Kardinal Cottier **D** Dietrich von Freiberg, Dominikus (Ordensgründer) **E** Meister Eckhart, Everhard von Westerheim **F** Anatol Feid **G** Bernard Gui, Paul-Heinz Guntermann **H** Titus Maria Horten **I** Innozenz V., Heinrich Institoris **J** Jacobus de Cessolis, Jacobus a Voragine **K** Heinrich Kramer, **L** Jean Baptiste Labat, Jean Baptiste Henri Lacordaire, Gordian Landwehr, Père Jean-Joseph Lataste **N** Johannes Nider **O** Wolfgang Ockenfels **P** Petrus von Verona, Servais-Théodore Pinckaers, Pius V., Pius IX., Kjell Arild Pollestad, Martín de Porres **R** Rosa von Lima (3. Orden) **S** Girolamo Savonarola, Jordanus Saxo, Edward Schillebeeckx, Christoph Kardinal Schönborn, Heinrich Seuse, Laurentius Siemer, Matthias von Sittard, Jakob Sprenger (Inquisitor), Basilius Streithofen, Johann Strote **T** Johannes Tauler, Johann Tetzel (Ablassprediger), Thomas von Aquin, Thomas Cajetan, Tomás de Torquemada (Inquisitor) **U** Ulrich von Straßburg, Arthur F. Utz

Literatur

- Todenhöfer, Achim: *Apostolisches Ideal im sozialen Kontext. Zur Genese der europäischen Bettelordensarchitektur im 13. Jahrhundert.* In: *Marburger Jahrbuch für Kunstwissenschaft*, Bd. 34 (2007), S. 43-75
- William A. Hinnebusch OP, Kleine Geschichte des Dominikanerordens, aus dem Amerikanischen von Chr. Holzer OP und W. Locher, Dominikanische Quellen und Zeugnisse Bd. 4, St. Benno Verlag, Leipzig 2004, ISBN 3-7462-1688-5
- Wolfram Hoyer (Hg.): *Jordan von Sachsen. Von den Anfängen des Predigerordens.* Dominikanische Quellen und Zeugnisse Bd. 3. Leipzig 2002 ISBN 3-7462-1574-9
- Timothy Radcliffe: *Gemeinschaft im Dialog. Ermutigung zum Ordensleben.* Dominikanische Quellen und Zeugnisse Bd. 2. Leipzig 2001 ISBN 3-7462-1450-5
- Thomas Eggensperger, Ulrich Engel: *Frauen und Männer im Dominikanerorden. Geschichte - Spiritualität - aktuelle Projekte.* Topos-Tb, Mainz 1992 ISBN 3-7867-1660-9
- Ulrich Engel (Hrsg.): *Dominikanische Spiritualität.* Dominikanische Quellen und Zeugnisse Bd. 1. Leipzig 2000 ISBN 3-7462-1358-4
- Ingo Ulpts: *Die Bettelorden in Mecklenburg. Ein Beitrag zur Geschichte der Franziskaner, Klarissen, Dominikaner und Augustiner-Eremiten im Mittelalter.* Saxonia Franciscana 6. Werl 1995 ISBN 3-87163-216-3
- Ambrosius Eßer OP: *Dominikaner.* In: *Theologische Realenzyklopädie* (TRE). Band 9, de Gruyter, Berlin/New York 1982, ISBN 3-11-008573-9, S. 127–136.
- Grützmacher: *Dominikus, und die Dominikaner.* In: *Realencyklopädie für protestantische Theologie und Kirche* (RE). 3. Auflage. Band 4, Hinrichs, Leipzig 1898, S. 768–781.

Weblinks

- Dominikanerprovinz Teutonia [2]
- Süddeutsch-österreichische Dominikanerprovinz [3]
- Meister Eckhart und seine Zeit - Orden - Dominikaner [4]
- Vom Wort zur Wissenschaft - Die Dominikaner / Aus der 3sat Dokumentationsreihe Te Deum - Himmel auf Erden [5]

Referenzen

[1] siehe Robert-Henri Bautier, Lexikon des Mittelalters, Bd. 4, München 2002.

[2] http://dominikaner.de/

[3] http://www.dominikaner.org/

[4] http://www.eckhart.de/index.htm?orden.htm#Dominik

[5] http://www.3sat.de/3sat.php?http://www.3sat.de/specials/127503/index.html

Magdeburger Dom

Der Dom zu Magdeburg **St. Mauritius und Katharina**, kurz **Magdeburger Dom**, ist die ehemalige Kathedrale des Erzbistums Magdeburg, die Grabkirche Kaiser Ottos I., das älteste gotische Bauwerk auf deutschem Boden und zugleich das Wahrzeichen der Stadt. Seit der Reformation ist der Dom evangelische Pfarr- und Bischofskirche.

Magdeburger Dom

Geschichte

Vorgängerbauten

Otto I., der Große, gründete 937 das St. Mauritiuskloster, im Jahre 946 wurde hier seine erste Gemahlin Edith bestattet. Offenbar hatte Otto schon damals Magdeburg auch als seinen eigenen Begräbnisort bestimmt und im Zusammenhang damit betrieb er seit den 950er Jahren die Einrichtung eines Erzbistums in Magdeburg. Vor der Schlacht auf dem Lechfeld 955, noch vor seiner Krönung zum Kaiser am 2. Februar 962, gelobte Otto, für den Fall seines Sieges in der Schlacht, in Merseburg ein Bistum zu errichten – offenbar sollte dieses Bistum zu dem noch zu gründenden Magdeburger Erzbistum gehören. In den 950er Jahren begann er nachweislich einen großartigen Neubau. Um seinen imperialen Anspruch in der Nachfolge der römischen Kaiser zu unterstreichen, ließ er zahlreiche Kostbarkeiten nach Magdeburg bringen, z. B. antike Säulen, die später im Chor des spätromanisch-gotischen Domneubaus aufgestellt wurden. Der erste Dom war vermutlich eine dreischiffige, kreuzförmige Basilika mit Ostquerhaus, Ostkrypta und großem Atrium im Westen. Nördlich, auf dem heutigen Domplatz, befand sich ein zweiter, nahezu gleich großer und äußerst reich ausgestatteter Sakralbau unbekannten Patroziniums, der mit der Domkirche eine Doppelkirchenanlage bildete. 968 wurde Magdeburg anlässlich des Reichstags in Ravenna zur Erzdiözese erhoben und Adalbert von Trier wurde der erste Erzbischof. Die Moritzkirche wurde zur Kathedrale erhoben.

Urkunde Ottos I. zur Gründung und Dotierung des Klosters Magdeburg

Am Karfreitag 1207 zerstörte ein Feuer den Großteil der Stadt Magdeburg, darunter den Dom, die Nordkirche und die Kaiserpfalz. Albrecht I. von Käfernburg ließ die Ruinen der Kathedrale abreißen und einen neuen Dom errichten, wobei Steine und Säulen des alten Doms wieder verwendet wurden.

Bau des gegenwärtigen Doms

Erzbischof Albrecht hatte in Frankreich studiert und es wird immer wieder vermutet, dass die Entscheidung für einen modernen, gotischen Chorgrundriss auf ihn zurückgeht. Nachweisbar ist das freilich nicht. Der Bau des Chors begann 1209, zwei Jahre, nachdem der alte Dom niedergebrannt war. Allerdings ist das Umgangserdgeschoss trotz des gotischen Grundrisses noch spätromanisch. Der gotische Formenschatz wurde erst nach und nach aufgenommen und erst das Umgangsobergeschoss, der sogenannte Bischofsgang, ist wirklich frühgotisch. Hochgotisch ist dann der Obergaden des Chores, der wiederum höher als ursprünglich geplant aufgeführt wurde.

Die veränderte Bauachse ist sehr wahrscheinlich darauf zurückzuführen, dass der Dom nun auf die Grabstätte Ottos des Großen ausgerichtet wurde. Sie hatte sich an der Nordseite des ottonischen Doms befunden, wahrscheinlich im Nordquerhaus, im gotischen Neubau liegt sie in der Vierung zwischen den Reihen des Chorgestühls. Editha, die erste Frau Ottos I., war zunächst in der Kirche des Moritzklosters bestattet worden. Das Grab wurde dann in das Nordquerhaus des ottonischen Domes verlegt. Das Grab muss nach dem Beginn des gotischen Neubaus in diesen verlegt worden sein. Das im Scheitel des Chorumgangs aufgestellte Grabmal enthält nach neuesten archäologischen Erkenntnissen[1] möglicherweise Reste ihrer Gebeine in einem kleinen Bleikasten. Ob es sich dabei allerdings tatsächlich um Knochen von Edith handelt, müssen weitere Untersuchungen klären.

Schon während der Errichtung des Chores hat man sich entschlossen, den Bau höher und weiter aufzuführen. Planänderungen sind auch im Querhaus und in den Ostjochen des Langhauses nachweisbar. In der zweiten Hälfte des 13. Jahrhunderts kam es zu einer mehrjährigen Bauunterbrechung (Urkunde von 1274). Auf diese Unterbrechung und die dann anschließende Wiederaufnahme der Baumaßnahmen geht die Magdeburger Sage vom "Schäfer am Dom zu Magdeburg" zurück. Ihr zufolge soll ein um 1240 lebender Schäfer namens Thomas Koppehele, der aus dem brandenburgischen Gräfendorf in der Nähe von Jüterbog stammte, beim Hüten von Schafen einen Goldschatz gefunden haben. Diesen habe er dem damaligen Magdeburger Erzbischof gestiftet, welcher hiermit den Bau des Magdeburger Doms erheblich vorantreiben konnte. Aus Dankbarkeit habe der Erzbischof das steinerne Bild des Schäfers, seines Knechts und ihrer Hunde über der sogenannten Paradiespforte, dem nördlichen Eingang des Domes, anbringen lassen, wo es noch heute zu sehen ist.

Der Neubau wurde dann wieder aufgenommen und schrittweise weiter nach Westen geführt. Die Gewölbe müssen in den sechziger Jahren des 14. Jahrhunderts eingezogen worden sein. Schließlich wurde der Neubau des Langhauses im Jahr 1363 geweiht. Der Ausbau der Westfassade und der Türme geschah in drei Abschnitten, das Untergeschoss wurde vor 1274 errichtet, das zweite Obergeschoss im dritten Viertel des 14. Jahrhunderts – wahrscheinlich etwa gleichzeitig mit den entsprechenden Abschnitten des Langhauses – und die Türme in der zweiten Hälfte des 15. bzw. im ersten Viertel des 16. Jahrhunderts. Der Ausbau des Turmzwischenraumes zur Grabkapelle geschah unter Erzbischof Ernst II. von Sachsen. Um 1520 war der Dom dann endgültig fertigstellt.

Südlich des Doms befinden sich im Kreuzgang die Reste des 937 gegründeten Moritzklosters, das 968 zum erzbischöflichen Domstift erhoben wurde.

Reformation und Dreißigjähriger Krieg

Zur Zeit der Reformation war Magdeburg eine Hochburg des Protestantismus, nicht zuletzt weil Erzbischof Albrecht von Brandenburg einen regen Ablasshandel betrieb und dadurch den Unmut der Bürger auf sich zog. Nach seinem Tod 1545 wurde der Dom für 20 Jahre geschlossen. 1567 wurde der Dom protestantisch, am ersten Advent feierte man dort den ersten evangelischen Gottesdienst. Erster protestantischer Domprediger war Siegfried Saccus.

Die Truppen General Tillys eroberten die Stadt während des Dreißigjährigen Krieges im Jahr 1631. Über die folgende Plünderung und Zerstörung waren die Zeitgenossen in ganz Europa entsetzt. Tausende Magdeburger hatten sich im Dom verschanzt und sollen ihr Überleben dem Domprediger Reinhard Bake verdanken, der mit einem Kniefall vor Tilly um das Leben der Magdeburger bat.

1680 wurde das Erzbistum nach den Vereinbarungen im Westfälischen Frieden säkularisiert und der weltliche Besitz ging als Herzogtum Magdeburg an Brandenburg über. Nach 1806, als Magdeburg an Napoleon übergeben wurde, wurde der Dom der Überlieferung zufolge als Lager und auch als Pferdestall genutzt. Angeblich gehen die in die Mauern des Kreuzganges eingefügten Eisenringe auf diese Zeit zurück. Die Besatzung endete 1814. Friedrich Wilhelm III. von Preußen ließ den Dom zwischen 1826 und 1834 umfangreich restaurieren.

Das 20. Jahrhundert

Restaurierungsarbeiten 1954

Der Dom wurde im Zweiten Weltkrieg schwer beschädigt. Am 16. Januar 1945 traf eine Bombe den Dom, beschädigte die Westfassade und zerstörte die Orgel. Zum Glück konnte das Feuer rechtzeitig gelöscht werden, so dass der Dachstuhl weitgehend intakt blieb. Nach Restaurierungsarbeiten wurde der Dom 1955 wieder eröffnet und eine kleinere Orgel gebaut. Seit 1983 werden Teile des Doms erneut restauriert. Außerdem wurde 1990 eine Solaranlage installiert. 2005 konnten Bauarbeiten am Nordturm abgeschlossen werden, 2006 wurden der Südturm und das Dach des Remters restauriert. Vom Frühjahr 2006 bis 2008 wurde eine neue, große Schuke-Orgel nach Restauration der Orgelempore am ursprünglichen Platz installiert (siehe auch Abschnitt Orgel). Seit 2006 wird die frühe Baugeschichte des Magdeburger Doms durch archäologische Ausgrabungen untersucht, um Erkenntnisse über die Vorgängerbauten des Domes zu erzielen.

Westfassade mit Kriegsschäden(rechts) und nach der Instandsetzung, 1960 (links)

Im Herbst 1989 wurde der Dom zum Ausgangspunkt der friedlichen Revolution in Magdeburg. Einen wesentlichen Beitrag hierzu leisteten die Aufrufe zur Besonnenheit durch Domprediger Giselher Quast und Dompredigerin Waltraud Zachhuber. Neben seiner Funktion als Bischofskirche der Evangelischen Kirchenprovinz Sachsen (EKKPS) mit etwa 533.000 Gläubigen (bis 2003) ist er auch „normale Pfarrkirche" für die seit 1869 bestehende Evangelische Domgemeinde. Seit dem Zusammenschluss der EKKPS mit der Evangelisch-Lutherischen Kirche in Thüringen ist der Dom eine der beiden Hauptkirchen der neugebildeten Evangelischen Kirche in Mitteldeutschland (EKM).

Das Bauwerk wird jährlich von mehr als 100.000 Touristen besucht. Seit Frühjahr 2005 ist auch wieder ein Turm für Turmbesteigungen zugänglich. Im Jahre 2009 wird das 800-jährige Jubiläum des spätromanisch-gotischen Domes feierlich begangen. Hierzu präsentiert sich der Dom seit Dezember 2008 erstmals seit langem ohne Baugerüste.

Zur Architektur

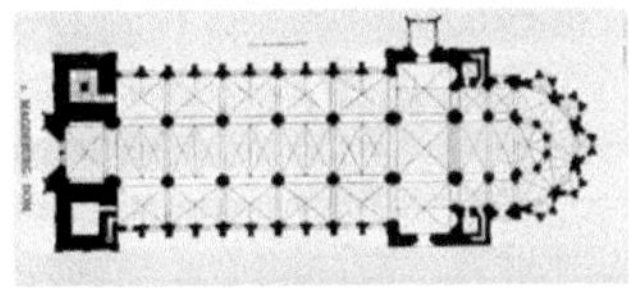

Grundriss

Der Bau der Kathedrale dauerte über 300 Jahre vom Baubeginn 1209 bis zur Vollendung der Türme um 1520. Der Magdeburger Dom ist das älteste gotische Bauwerk in Deutschland. Der Dom hat eine Gesamtinnenlänge von 120 m und eine Deckenhöhe von 32 m. Die Türme sind 99,25 m (Südturm) und 104 m (Nordturm) hoch.

Der Boden so nah an der Elbe ist bis auf einen Felsen im Fluss weich. Auf diesem Felsen wurde der Dom errichtet, der dementsprechend Domfelsen heißt. Da der Felsen aber für den gesamten Dom zu schmal ist, steht der Südturm nicht auf dem

Domfelsen. Daher hat der Südturm kein breites Treppenhaus und die Glocken sind im Nordturm untergebracht. Der Felsen ist nur zu sehen, wenn die Elbe wenig Wasser führt. Da wenig Regen in der Regel auch schwache Ernten bedeuteten, wurde der Domfelsen im Volksmund auch Hungerfelsen genannt.

Glocken

Die Glocken des Domes hängen im dritten und vierten Stockwerk des Nordturmes. Von den ehemals 10 bis 15 zum Teil mittelalterlichen Glocken des Domes sind heute noch fünf erhalten, von denen die drei größeren eines der schwersten und größten Barockgeläute Deutschlands bilden. Die heutige, rund neun Tonnen schwere *Susanne* – auch *Maxima*[2] genannt – ist bereits die vierte Nachfolgerin. Die *Apostolica* wird wegen ihrer Klangschönheit gerühmt.[3] Beide Glocken hängen im barocken Glockenstuhl, zu dessen Bau seinerzeit Hölzer einer noch älteren Konstruktion verwendet wurden. Vor einigen Jahren wurden die genieteten Stahljoche durch solche aus Eichenholz ersetzt. Unterhalb der Glockenstube lagert der ausgemusterte mittelalterliche Holzklöppel der *Susanne*, der zu besonderen Gelegenheiten (etwa in der Fastenzeit oder bei Trauerfällen) in die Glocke gehängt wurde, um ihren Klang dem Anlass angemessen zu dämpfen.[4]

Nr.	Name (Funktion)	Gussjahr	Gießer, Gussort	Durchmesser (mm)	Gewicht (kg)	Nominal (16tel)	Turm
1	Susanne	1702	Johannes Jacobi, Berlin	2464/2470	8800	e^0 +6	Nordturm, oben
2	Apostolica	1690	Jacob Wenzel, Magdeburg	1938/1945	4980	b^0 +5	Nordturm, oben
3	Dominica	1575	Eckart Kucher, Erfurt	1619/1625	~2600	h^0 +6	Nordturm, unten
4	Orate	13. Jh.	unbekannt	665	~200	e^2 +1	Dachreiter
	Schelle (Uhrschlag)	1396	unbekannt	1359	~1500	f^1 −1	Nordturm, starr aufgehängt

Orgel

Seit Mai 2008 verfügt der Magdeburger Dom wieder über eine Hauptorgel auf der Westempore. Diese Orgel ist nun die größte Orgel in Sachsen-Anhalt. Gefertigt wurde das Instrument 2006–2008 von der Alexander Schuke Potsdam Orgelbau GmbH, es besteht aus rund 350.000 Einzelteilen.

Hauptorgel

Die Orgel ist 14,75 m hoch, 10,75 m breit, 9,15 m tief, 37 Tonnen schwer und enthält 93 Register. Die 6139 Pfeifen, von denen 5124 aus Metall und 1015 aus Holz gefertigt sind, lassen sich über 4 Manualklaviaturen und eine Pedalklaviatur spielen. Die Orgel besteht aus fünf einzelnen Werken: Hauptwerk, Positiv, Schwellwerk, Solo und Pedal.

Das neue Instrument im Magdeburger Dom verkörpert die Konzeption einer klassischen sinfonischen Orgel mit musikalischer Ausrichtung auf deutsche und französische Orgelmusik. Sie enthält ein sich auf mitteldeutsche Orgelbautraditionen beziehendes, warmes und prächtiges Plenum, das in eine gewachsene sinfonische Breite und Fülle übergeht und in allen Werken durch französische Klangfarben bereichert wird.

Kunst- und Kulturschätze

Obwohl der Dom mehrmals geplündert und fast zerstört wurde, birgt er viele Kunstschätze. Die folgende Liste ist nicht komplett, sondern zeigt eine Auswahl der wichtigsten Werke.

Die 10 Skulpturen der Klugen und Törichten Jungfrauen der Paradiespforte von 1240/50 wurden später an das Gewände des Nordportales platziert. Es ist die erste monumentale Gestaltung dieses Themas, voll drastischer Direktheit im Vergleich zu den wesentlich verhalteneren Schilderungen des gleichen Themas in der Zeit davor, die wesentlich kleiner waren. Stilistisch gesehen stehen sie zwischen den Bamberger Fürstenfiguren und denen von Naumburg. Man nimmt an, dass der Bildhauer in der Bamberger Schule gearbeitet hat oder dort ausgebildet wurde. Die Figuren sind in der Tracht des 13. Jahrhunderts dargestellt.

- In der Apsis befinden sich antike Säulen aus Porphyr, Marmor und Granit, die möglicherweise aus Ravenna stammen. Otto I. brachte die Säulen als Spolien aus Italien für den Bau der ersten Domes mit.
- Der Überlieferung nach brachte Otto I. auch das Taufbecken mit, angeblich ursprünglich ein römischer Springbrunnen. Der Stein ist Rosenporphyr und soll aus Hurghada in Ägypten stammen.
- Das Grab des Kaisers Otto I. befindet sich im Chor. Bei einer Öffnung des Grabes 1844 fand man ein Skelett und Kleidung.
- Die Skulpturen von St. Katharina und St. Moritz stammen von demselben Künstler und entstanden um 1250. Die Skulptur von St. Moritz ist die älteste bekannte europäische Darstellung eines Schwarzafrikaners.
- Das Herrscherpaar aus dem 14. Jahrhundert in der um 1250 entstandenen Sechzehneckigen Kapelle stellt dem Volksglauben nach Otto I. und Editha dar.
- Das Chorgestühl stammt von 1363. Die Schnitzereien zeigen Szenen aus dem Leben Jesu. Der unbekannte Meister schuf wahrscheinlich auch das Chorgestühl des Bremer Doms.
- Im Magdeburger Dom finden sich zahlreiche historische Grabmonumente, Epitaphe und Grabplatten des 12. bis 14. Jahrhunderts.
- Das Magdeburger Ehrenmal stammt von Ernst Barlach aus dem Jahre 1929 und ist den Opfern des Ersten Weltkrieges gewidmet. Während der NS-Zeit wurde das Mal auch auf Drängen des damaligen Domgemeinderates vorübergehend entfernt und 1955 wieder im Dom aufgestellt. In bedrückender Art und Weise zeigt es Leid und Schmerz des Krieges und ist damit ein eindrucksvolles pazifistisches Kunstwerk.
- Das Lebensbaumkruzifix stammt aus dem Jahr 1986 von Jürgen Weber. Jesus hängt an einem verdorrten Baum anstatt eines Kreuzes. An den Stellen, wo sein Blut auf den Baum trifft, treibt der Baum wieder aus.

Galerie

Aufriss der Westfassade

Querschnitt

Innenansicht I

Innenansicht II

Grab Ottos des Großen

Kopf des Heiligen Mauritius

Drei der fünf weisen Jungfrauen

Drei der fünf törichten Jungfrauen

Das Herrscherpaar

Kanzel

Sonnenuhr im Innenhof

Die Westfassade des Magdeburger Doms

Detail vom Chorgestühl

Taufbecken

Grabplatte des Domherrn Johann v. Randow

Bronzeepitaph des Georgius Koppehele († 1604), Domvikar und Gründer der George Koppehele'sche FamilienstiftungGeorge Koppehele'schen Familienstiftung

Literatur

- Birte Rogacki-Thiemann: Der Magdeburger Dom St. Mauritius et St. Katharina - Beiträge zu seiner Baugeschichte 1207 bis 1567, Petersberg 2007. ISBN 978-3-86568-263-5.
- Giselher Quast, Reinhard Winkler und Hans-Jürgen Jerratsch: *Der Dom zu Magdeburg*, DKV-Kunstführer [5] Nr. 415, 11. Auflage München/Berlin 2008, ISBN 978-3-422-02159-4. [auch in englischer Sprache erschienen]
- Gisbert Porstmann: *Das Chorgestühl des Magdeburger Domes. Ikonographie-Stilgeschichte-Deutung.* Berlin 1997. ISBN 3-931836-13-4.
- Hans Michael: *Das Chorgestühl im Magdeburger Dom. Leben-Jesu-Tafeln und Misericordien um 1360 und 1844.* Norderstedt 2002. ISBN 3-8311-3899-0.
- Giselher Quast, Hans-Jürgen Jerratsch, Constantin Beyer: *Der Dom zu Magdeburg*, Großer DKV-Kunstführer, München/Berlin 2004, ISBN 978-3-422-06389-1.
- *Der Magdeburger Dom*, Herausgegeben vom Förderverein Dom zu Magdeburg. Edition Akanthus, Spröda 2005. ISBN 3-00-015279-2.
- Michael Sußmann: *Der Dom zu Magdeburg*, Kunstverlag Peda Gregor, 2002. ISBN 3-89643056-4.
- Ernst Ullmann: *Der Magdeburger Dom: ottonische Gründung und staufischer Neubau*, Leipzig 1989.
- Helga Wäß: "Magdeburg - Dom", in: Helga Wäß, "Form und Wahrnehmung mitteldeutscher Gedächtnisskulptur im 14. Jahrhundert. Ein Beitrag zu mittelalterlichen Grabmonumenten, Epitaphen und Kuriosa in Sachsen, Sachsen-Anhalt, Thüringen, Nord-Hessen, Ost-Westfalen und Südniedersachsen" (= Band 1), "Katalog ausgewählter Objekte vom Hohen Mittelalter bis zum Anfang des 15. Jahrhunderts" (= Band 2), Bristol u.a. 2006, S. 369–381 / Kat.-Nrn. 522–538. ISBN 3-86504-159-0.
- Aktion Neue Domorgeln Magdeburg e.V. Martin H. & Ulrike Groß: *Orgeln im Magdeburger Dom Einst & Jetzt* 2008, ISBN 978-3-935971-44-7.
- Anja Elias: *Die Wasserspeier am Dom zu Magdeburg - Katalogisierung und ikonographischer Deutungsversuch eines mittelalterlichen Architekturdetails.* Kinzel - Verlag, Göppingen 2009, ISBN 978-3-937367-36-1 (Alle 157 Wasserspeier sind vollständig dokumentiert).

Weblinks

- Bilder vom Magdeburger Dom [6]
- Evangelische Domgemeinde Magdeburg [7]
- Archäologische Grabungen im Dom zu Magdeburg [8]
- Bilder vom Magdeburger Dom [9]
- Disposition der großen Domorgel [10]

Koordinaten: 52° 7′ 29″ N, 11° 38′ 4″ O [11]

Referenzen

[1] Nachricht auf der Website vom MDR. (http://www.mdr.de/nachrichten/6086735.html)
[2] Karl Walter: *Glockenkunde*. Pustet, Regensburg u. a. 1913, S. 778.
[3] Aufnahme: Freitag, 25. September 2009 um 17:55 Uhr (1:30 min). (http://www.youtube.com/watch?v=KYrTTNmfM40)
[4] Constanze Treuber u. a.: *Gegossene Vielfalt. Glocken in Sachsen-Anhalt.* Hinstorff, Rostock 2007, S. 97–104.
[5] http://www.dkv-kunstfuehrer.de
[6] http://www.kathedralenwelt.de/magdeburg-dom/magdeburg-dom00.html
[7] http://www.magdeburgerdom.de/
[8] http://domgrabungen-md.de/index.html
[9] http://www.e-stredovek.cz/gallery.php?akce=galerie_ukaz&galerie_id=49
[10] http://www.magdeburgerdommusik.de/html/new_organ.html
[11] http://stable.toolserver.org/geohack/geohack.php?pagename=Magdeburger_Dom&language=de¶ms=52.1247_N_11.6345_E_region:DE-ST_type:landmark

Hohes Lied

Lehr- bzw. Weisheitsbücher des Alten Testaments
• Ijob (Hiob, Job) • Psalmen • Sprichwörter (Sprüche) • Kohelet (Prediger) • Hohes Lied • Weisheit (katholisch und griech.-orthodox) • Jesus Sirach (Ecclesiasticus) (katholisch und griech.-orthodox) • *Gebet des Manasse* (griech.-orthodox)
Namen nach dem ÖVBE. Pseudepigraphen der Septuaginta sind kursiv gesetzt.

Das **Hohelied** (auch: **Hohelied Salomos**) ist ein Buch des Alten Testaments der christlichen Bibel und des jüdischen Tanach. Es handelt sich um ein erotisches Gedicht, das die Annäherung zwischen zwei Liebenden schildert.

Titel

Die Bezeichnung „Hohelied“ geht auf Martin Luther zurück. Der hebräische Name *Schir ha-Schirim* bedeutet wörtlich „Lied der Lieder“. Dem entspricht auch der Titel in der griechischen Septuaginta Ἆσμα Ἀσμάτων (*ásma asmáton*) und in der lateinischen Vulgata *Canticum Canticorum*.

Textgestalt

Ob man das Hohelied eher als einheitliche Komposition oder eher als Liedersammlung ansehen soll, ist umstritten. Jedenfalls treten wechselweise ein Mann, eine Frau und eine Art Chor als Sprecher auf. Der Mann wird mit Salomon identifiziert (die Zuschreibung im Gedicht ist unklar; dort wo der Name „Salomon“ fällt, muss dies nicht der männliche Sprecher sein), der Name der Frau ist Sulamith.

Seit dem Mittelalter wird das Hohelied in acht Kapitel unterteilt.

Datierung

Die Entstehungszeit des Hoheliedes ist stark umstritten. Die Nennung Salomos zu Beginn des Hoheliedes wird allgemein nicht als ausreichendes Indiz für eine Urheberschaft Salomos gedeutet. Dennoch schließen viele Theologen eine (Teil-)Urheberschaft Salomos nicht aus oder ordnen die Entstehung des Hoheliedes zumindest dem salomonischen Umfeld zu. Andererseits werden aramäisierende Sprachformen angeführt, die darauf hindeuten, dass das Hohelied seine abschließende Form erst nach 500 v. Chr. erhalten hat.

Religionsgeschichtliche Einordnung

Eine kultisch-mythologische Theorie betont die Übereinstimmungen mit sumerischen Texten über die heilige Hochzeit, insbesondere die Verbindung des Fruchtbarkeitsgottes Tammuz und der Göttin Ischtar. Gegen diese Theorie wird angeführt, dass das Alte Testament sich ansonsten deutlich gegen die vorderasiatischen Fruchtbarkeitskulte wendet. Die Übereinstimmungen können nach einer anderen Theorie auch darauf beruhen, dass Anregungen aus der profanen syrischen oder altägyptischen Liebeslyrik eingeflossen sind.

Auslegungstradition

Als Verfasser des Hohen Liedes wurde in der Antike der biblische König Salomon angenommen. Dies geht vermutlich darauf zurück, dass im Hohen Lied Salomon selbst genannt wird (1,5; 3,7ff.; 8,11f.) und Salomon als Autor von 1005 Gedichten galt (1 Kön 5,12 [1]). Diese Verfasserzuschreibung wurde auch vom Mittelalter übernommen und hat bis heute Anhänger.

Gemäß der allegorischen Auslegungsmethode wurde in Antike und Mittelalter von Juden und Christen die erotische Annäherung, von der das Gedicht handelt, als Beschreibung der Liebe zwischen Gott und seinem auserwählten Volk (im Judentum) bzw. zwischen Christus und der Kirche als Braut Christi (im Christentum) interpretiert.

„Deine Lippen sind wie eine scharlachfarbene Schnur, und dein Mund ist lieblich. Deine Schläfen sind hinter deinem Schleier wie eine Scheibe vom Granatapfel.“ 4,3 – Der Granatapfel im Hohelied Salomos 4:3,13; 6:7,11,7:13-14; 8:2

Judentum

Diese Interpretation wurde innerhalb des Judentums besonders entschieden von Rabbi Akiba im 2. Jahrhundert betrieben. Er interpretierte das Lied als eine Darstellung der Beziehung zwischen Gott und dem Volk Israel. Folglich verurteilte er entschieden eine weltliche, erotische Auslegung und einen entsprechenden gesanglichen Vortrag des Liedes. Diese Interpretation Akibas war über Jahrhunderte hinweg dominant.[2] In ähnlicher Weise deuteten ihn auch der Targum zum Hohelied zwischen 700 und 900 nach Christus sowie spätere mittelalterliche Rabbiner wie Saadia Gaon, Schlomo ben Jizchak oder Abraham ben Meir ibn Esra.[3]

Christentum

Der Interpretationsstrang wurde vom Christentum fortgesetzt. Dabei handelte es sich bei Hippolyt beim Bräutigam um Christus und der Braut um die Kirche, bei Origines um die Einzelseele, und bei Ambrosius von Mailand um die Jungfrau Maria.[4]

Im christlichen Mittelalter wurde dann auch Sulamith als Repräsentation von Maria angesehen. Das Hohelied spielte darum auch eine hervorgehobene Rolle in der Marienfrömmigkeit der christlichen Mystiker. In der Bildenden Kunst ist es häufig der Hortus conclusus, der als Bildmotiv auf das Hohe Lied anspielt und zu den marianischen Symbolen zählt. Das Motiv bezieht sich dabei auf die Textstelle *Ein verschlossener Garten ist meine Schwester Braut, ein verschlossener Garten, ein versiegelter Quell.*

Aufklärung

Diese Deutung befand sich seit dem 18. Jahrhundert im Zuge der Aufklärung zunehmend in der Defensive. Vom Beginn des 18. bis in das 19. Jahrhundert lässt sich die sogenannte „Dramatische Hypothese" verfolgen, welche erstmals den Szenen- und Sprecherwechsel zwischen Frauen- und Männerstimme, Dialogen beider und chorischen Wir-Stücken in den Mittelpunkt rückte. Dabei blieb die genaue Abgrenzung der Einzelelemente jedoch immer kontrovers.[5] Während Georg Wachter das Hohelied 1722 als ein szenisch abgeteiltes Singspiel in fünf Akten sah,[6] interpretierte es G. H. A. Ewald 1826 als Hirtenstück.

Gegen die traditionellen religiösen Deutungen und gegen ein rein weltliches Verständnis, wie es seit Herder und Goethe vorherrschte, nahm der jüdische Religionsphilosoph Franz Rosenzweig das Hohe Lied in Schutz: *Nicht obwohl, sondern weil das Hohe Lied ein „echtes", will sagen: ein „weltliches" Liebeslied war, gerade darum war es ein echtes „geistliches" Lied der Liebe Gottes zum Menschen. Der Mensch liebt, weil und wie Gott liebt. Seine menschliche Seele ist die von Gott erweckte und geliebte Seele.*[7]

Während das Hohelied im Mittelalter sehr häufig kommentiert und als Predigtstoff verwendet wurde – herausragend hierfür sei Bernhard von Clairvaux genannt – spielt es in der heutigen Frömmigkeitspraxis der Großkirchen kaum noch eine Rolle.

Literatur

Allgemein

- Henning Graf Reventlow, Peter Kuhn, Ulrich Köpf und Jean M. Vincent: *Hoheslied I. Altes Testament II. Auslegungsgeschichte im Judentum III. Auslegungsgeschichte im Christentum III/1. Alte Kirche bis Herder III/2. Auslegungsgeschichte des 19. Jahrhunderts.* In: Theologische Realenzyklopädie 15 (1986), S. 499–514 (Einführung und Literatur)

Kommentare

- Marvin H. Pope: *Song of Songs. A New Translation with Introduction and Commentary.* The Anchor Bible 7C. Doubleday, New York 1980 ISBN 0-385-00569-5
- Gerhard Maier: *Das Hohelied.* Wuppertaler Studienbibel.AT 29. Brockhaus, Wuppertal 1991 ISBN 3-417-25219-9

- Othmar Keel: *„Deine Blicke sind Tauben." Zur Metaphorik des Hohen Liedes.* Stuttgarter Bibelstudien 114/115 ISBN 3-460-04141-2
- Othmar Keel: *Das Hohelied.* Zürcher Bibelkommentare 18. 2., durchges. Aufl. Theol. Verl., Zürich 1992 ISBN 3-290-14739-8
- Hans-Peter Müller, Otto Kaiser, James Alfred Loader: *Das Hohelied, Klagelieder, Das Buch Ester.* Das Alte Testament Deutsch 16,2. 4., völlig neubearb. Aufl. Vandenhoeck & Ruprecht, Göttingen 1992 ISBN 3-525-51237-6
- Walter Bühlmann: *Das Hohelied.* Neuer Stuttgarter Kommentar 15. Verl. Kath. Bibelwerk, Stuttgart 1997 ISBN 3-460-07151-6
- Levi ben Gershom (Gersonides): *Commentary on Song of Songs.* Yale Judaica Series 28. Yale University Press, New Haven, Conn. 1998 ISBN 0-300-07147-7
- Athalya Brenner, Carole R. Fontaine (Hrsg.): *The Song of Songs. A Feminist Companion to the Bible.* The Feminist Companion to the Bible Series 2/6. Academic Press, Sheffield 2000 ISBN 1-8412-7052-0
- Duana Garrett: *Song of Songs.* Word Biblical Commentary 23B. Nelson, Nashville 2004 ISBN 0-8499-0825-6
- Yair Zakovitch: *Das Hohelied.* Herders theologischer Kommentar zum Alten Testament. Herder, Freiburg im Breisgau u. a. 2004 ISBN 3-451-26830-2 Inhaltsverzeichnis [8]
- Richard S. Hess: *Song of Songs.* Baker Commentary on the Old Testament Wisdom and Psalms. Baker Academic, Grand Rapids 2005 ISBN 0-8010-2712-8

Einzelstudien

- Hans-Josef Heinevetter: *„Komm nun, mein Liebster, dein Garten ruft dich!" Das Hohelied als programmatische Komposition.* Athenäums Monografien Theologie. Bonner biblische Beiträge 69. Athenäum, Frankfurt am Main 1988 ISBN 3-610-09120-7
- Mary Timothea Elliott: *The Literary Unity of the Canticle.* EHS 23/371. Lang, Frankfurt am Main 1989 ISBN 3-631-42121-4
- Steven C. Horine: *Interpretive Images in the Song of Songs. From Wedding Chariots to Bridal Chambers.* Studies in the Humanities 55. Lang, New York u. a. 2001 ISBN 0-8204-5156-8
- George M. Schwab: *The Song of Songs' cautionary message concerning human love.* Studies in Biblical Literature 41. P. Lang, New York u. a. 2002 ISBN 0-8204-5566-0
- Jacques Nieuviarts u. a. (Hrsg.): *Les nouvelles voies de l'exégèse. En lisant le Cantique des cantiques. XIXe congrès de l'Association Catholique pour l'Étude de la Bible (Toulouse, septembre 2001).* Collection „Lectio divina"" 190. Éd. du Cerf, Paris 2002 ISBN 2-204-06932-9
- Jean Emmanuel de Ena: *Sens et interprétations du Cantique des Cantiques. Sens textuel, sens directionnels et cadre du texte.* Lectio divina 194. Éd. du Cerf, Paris 2004 ISBN 2-204-07295-8
- P. W. T. Stoop-van Paridon: *The Song of Songs. A Philological Analysis of the Hebrew book = Šīr haš-Šīrīm. Ancient Near Eastern Studies Supplement 17. Peeters, Louvain 2005 ISBN 90-429-1638-9*
- Anselm C. Hagedorn (Hrsg.): *Perspectives on the Song of Songs = Perspektiven der Hoheliedauslegung.* Beihefte zur Zeitschrift für die alttestamentliche Wissenschaft 346. de Gruyter, Berlin/New York 2005 ISBN 3-11-017632-7
- Jürg Stenzl: *Der Klang des Hohen Liedes – Vertonungen des „Canticum canticorum" vom 9. bis zum Ende des 15. Jahrhunderts.* Königshausen & Neumann, Würzburg 2008 ISBN 978-3-8260-3694-1

Wirkungsgeschichte

- *The Targum of Canticles.* Transl., with a critical introd., apparatus, and notes by Philip S. Alexander. The Aramaic Bible 17A. Liturgical Pr., Collegeville, Minn. 2003 ISBN 0-8146-5453-3
- Mark W. Elliott: *The Song of Songs and Christology in the Early Church. 381-451.* Studien und Texte zu Antike und Christentum 7. Mohr Siebeck, Tübingen 2000 ISBN 3-16-147394-9

- Gregor von Nyssa: *Der versiegelte Quell. Auslegung des Hohen Liedes.* In Kürzung übertragen und eingeleitet von Hans Urs von Balthasar. 3., nach d. krit. Ausg. durchges. Aufl. Johannes-Verl., Einsiedeln 1984 ISBN 3-265-10283-1
- Ann W. Astell: *The Song of Songs in the Middle Ages.* Cornell Univ. Press, Ithaca 1990 ISBN 0-8014-2347-3
- Urban Küsters: *Der verschlossene Garten. Volkssprachliche Hohelied-Auslegung und monastische Lebensform im 12. Jahrhundert.* Studia humaniora, Düsseldorfer Studien zu Mittelalter und Renaissance 2. Droste, Düsseldorf 1985 ISBN 3-7700-0802-2
- Max Engammare: *Qu'il me baise des baisiers de sa bouche. Le cantique des cantiques à la renaissance. Étude et bibliographie.* Travaux d'humanisme et renaissance 277. Droz, Genève 1993
- Noam Flinker: *The Song of Songs in English Renaissance Literature. Kisses of Their Mouths.* Studies in Renaissance Literature 3. Brewer, Cambridge u. a. 2000 ISBN 0-85991-586-7
- Burkhard Dohm: *Poetische Alchimie. Öffnung zur Sinnlichkeit in der Hohelied- und Bibeldichtung von der protestantischen Barockmystik bis zum Pietismus.* Studien zur deutschen Literatur 154. Niemeyer, Tübingen 2000 ISBN 3-484-18154-0
- John D. Baildam: *Paradisal Love. Johann Gottfried Herder and the Song of Songs.* JSOTSup 298. Acad. Press, Sheffield 1999 ISBN 1-8412-7022-9
- Klaus Mayer: *Wie schön ist deine Liebe. Bilder zum Hohenlied im Nationalmuseum der Biblischen Botschaft Marc Chagall in Nizza.* 4. Aufl. Echter Verl., Würzburg 1990 ISBN 3-429-00857-3

Aneignung

- *Eros und Mythos. Das Hohelied Salomos.* Aus dem Hebr. übers., erl. und in Dialogform gebracht von Egbert Richter-Ushanas. 4., überarb. Aufl. Richter, Bremen 2004 ISBN 3-924942-38-2
- Helmut Gollwitzer: *Das hohe Lied der Liebe.* 8. Aufl. Kaiser-Taschenbücher 8. Kaiser, München 1991 ISBN 3-459-01675-2
- Charles Haddon Spurgeon: *Vom Geheimnis der schönsten Liebe. Predigten über das Hohelied Salomos.* TELOS-Bücher 2357. Johannis, Lahr 1992 ISBN 3-501-01154-7

Weblinks

- **Der Gesang der Gesänge** [9] in der Übersetzung Martin Bubers
- **Das Hohelied Salomos** in der unrevidierten *Elberfelder*-Bibelübersetzung [10]
- Andreas Schmidt: Stark wie der Tod [11] (Interpretation)
- Entsprechender Fachartikel in: Michaela Bauks / Klaus Koenen (Hgg.), Das wissenschaftliche Bibellexikon im Internet (WiBiLex), 2007ff. [12]

Referenzen

[1] http://www.bibleserver.com/go.php?lang=de&bible=ELB&ref=1+K%C3%B6n5%2C12
[2] Tremper Longman: *Song of Songs*, 2001, Seite 20 ff.
[3] Marvin H. Pope: *Song of Songs*, Doubleday, 1977, Seite 89
[4] Otto Kaiser: *Einleitung in das Alte Testament – Eine Einführung in ihre Ergebnisse und Probleme*, Gütersloher Verlagshaus Gerd Mohn, Gütersloh, 2. Auflage, 1970, Seite 286
[5] Otto Kaiser: *Einleitung in das Alte Testament – Eine Einführung in ihre Ergebnisse und Probleme*, Gütersloher Verlagshaus Gerd Mohn, Gütersloh, 2. Auflage, 1970, Seite 187
[6] Georg Wachter: *Das Hohe Lied des Salomo*, 1722
[7] *Stern der Erlösung*, Frankfurt am Main 1988, Seite 222
[8] http://www.gbv.de/du/services/agi/9C62903C0B213516C1256EE7004BD6C3/420000123249
[9] http://www.kabbala-info.net/deutsch/songofsongs.htm
[10] http://www.combib.de/bibel/ue/hohe1.html
[11] http://www.buber.de/christl/liebe.html
[12] http://www.bibelwissenschaft.de/wibilex/das-bibellexikon/details/quelle/WIBI/zeichen/h/referenz/21454///cache/9e72565200/

Bernhard von Clairvaux

Der Heilige **Bernhard von Clairvaux** (* um 1090 auf Burg Fontaine-lès-Dijon bei Dijon; † 20. August 1153 in Clairvaux bei Troyes; franz. Bernard) war ein mittelalterlicher Abt, Kreuzzugsprediger und Mystiker. Er war einer der bedeutendsten Mönche des Zisterzienserordens, für dessen Ausbreitung über ganz Europa er verantwortlich zeichnet.

Bernhard von Clairvaux – Darstellung aus einem hochmittelalterlichen Manuskript

Leben und Wirken

Bernhard war der dritte Sohn des Ritters Tescelin le Roux (der Rotblonde) und seiner Frau Aleth von Montbard. Seine Geschwister waren Guido, Gerhard, Andreas, Bartholomäus, Nivard und Humbelina. Seine Schulbildung erhielt er in Châtillon-sur-Seine.

Bernhard von Clairvaux – Darstellung von Alfred Wesley Wishart, 1900

1113 trat Bernhard mit ca. 30 Verwandten und Freunden in das 1098 neu gegründete Kloster Cîteaux (von dem sich der Name der Zisterzienser ableitet: frz. Cîteaux, lat. Cistercium, dt. Zisterze) südlich von Dijon ein, von wo er bereits zwei Jahre später ausgesandt wurde, um in der westlichen Champagne das Kloster Clairvaux zu gründen (1115), dessen erster Abt er wurde. Von dieser Primarabtei des Zisterzienserordens ging eine Erneuerung sowohl des klösterlichen Gemeinschaftslebens als auch der klösterlichen Baukunst aus. Der Zisterzienserorden war damals als strengere Alternative zum Benediktinerorden gedacht. In den Klöstern der Zisterzienser wurden die Klosterregeln des Heiligen Benedikt von Nursia (Regula Benedicti) entschieden asketisch ausgelegt. Wegen dieser entscheidenden Impulse und aufgrund seiner Bedeutung als Kirchenlehrer wird Bernhard von den Zisterziensern neben den drei Gründervätern des Ordens (Robert von Molesme, Alberich von Cîteaux und Stephan Harding) als größter Ordensheiliger verehrt.

Unter Ausnutzung seines diplomatischen Geschicks und seiner Redekunst arbeitete er im Auftrag von Papst Eugen III. erfolgreich am Zustandekommen des zweiten Kreuzzuges (1147 bis 1149). Zu Weihnachten 1146 erreichte Bernhard in Speyer, dass sich der deutsche König Konrad III. sowie dessen welfischer Gegenspieler Welf VI. zur Teilnahme am Kreuzzug bereiterklärten. In seiner „Lobrede auf die Tempelritter" (Ad milites Templi – De laude novae militiae) verdammt er das weltliche Rittertum als verderblich und plädiert für Mönche als Krieger und die Verbindung von Mönchtum mit dem Rittertum (Tempelritter). Nur Krieger im Namen des Christentums seien ehrenwerte Krieger, so Bernhard.

Mit seinen Predigten entfachte er in ganz Europa einen Sturm der Begeisterung für die Kreuzzüge. Er warb für sie im nördlichen Frankreich, in Flandern und in der Rheingegend.

Er sah das ritterliche Ideal der Kreuzzüge, das Sterben für den Herrn, als höchsten Verdienst. Entschieden trat er für die in der Kirche umstrittenen „bewaffneten Mönche" ein, die Tempelritter. In seinem Brief an diesen Ritterorden gibt er eine theologische Rechtfertigung religiös motivierter Waffenhandlungen und warnt sie gleichzeitig vor Ausschweifungen und Lastern im Kriegsdienst. [1]

Niemals verwand er das Scheitern dieses Kreuzzuges. Nach der Niederlage der Kreuzfahrer geriet Bernhard in die Kritik. Andererseits war sein Einfluss mit der Wahl seines ehemaligen Schülers als Papst Eugen III. im Jahre 1145 noch einmal gestärkt worden. Auf Eugens Wunsch hin verfasste er in den Jahren 1149 bis 1153 als Summe seines geistigen Lebenswerks die fünf Bücher „De consideratione ad Eugenium Papam" (Was ein Papst erwägen muss).

Als vor dem zweiten Kreuzzug sein Ordensbruder Radulf im Rheinland zur Zwangstaufe und Ermordung von Juden aufrief, wandte sich der von den Erzbischöfen zur Hilfe gerufene Bernhard vehement gegen diese Forderungen. Nach seiner Meinung war den Juden vorbestimmt, erst kurz vor dem Jüngsten Gericht zum Christentum überzutreten. Im Gegensatz dazu war die Bekehrung von Heiden und Anhängern des Islam sein Anliegen.

Der Hl. Bernhard und das Wunder der *Lactatio* – Altarbild von Gottfried Bernhard Göz, 1749

Er bekämpfte die Lehren des Petrus Abaelardus als Irrlehren und stützte sich theologisch vor allem auf die Prädestinationslehre des Augustinus.

Nachleben

Bernhards Nachfolger im Amt des Abtes von Clairvaux war Robert Gruthuysen. Bernhard von Clairvaux wurde im Jahre 1174 heiliggesprochen; sein Gedenktag ist der 20. August. Er ist unter anderem der Patron der Imker und der Barkeeper. Im Jahr 1830 wurde er zum Kirchenlehrer ernannt. In Dantes Göttlicher Komödie spielt Bernhard von Clairvaux eine wichtige Rolle. Dort führt er Dante auf einem Teil seiner Reise durch das himmlische Paradies. Größte Wertschätzung erfuhr Bernhard von Clairvaux später sogar von Martin Luther, der von ihm sagte: „Ist jemals ein gottesfürchtiger und frommer Mönch gewesen, so war's St. Bernhard, den ich allein viel höher halte als alle Mönche und Pfaffen auf dem ganzen Erdboden." Papst Pius XII. widmete dem Heiligen am 24. Mai 1953, zu dessen 800. Todestag, die Enzyklika Doctor mellifluus.

Seit über 250 Jahren findet (mit einer von 1806 bis 1880 als Folge der Aufklärung andauernden Unterbrechung) alljährlich am 20. August, dem Namenstag von Bernhard von Clairvaux, eine Wallfahrt auf den Bernhardusberg bei Weiler in den Bergen statt, die jedes Jahr zahlreiche Pilger auf den 778 m hohen Berg am Rande der Schwäbischen Alb führt.[2] Neben jährlich wechselnden Zelebranten und Festrednern (in der Regel Priester und Ordensleute, aber auch Bischöfe der Diözese Rottenburg-Stuttgart) feierte im Jahr 2008 Kardinal Walter Kasper mit über fünftausend Pilgern den Gottesdienst.[3]

Heraldik

Abbildungen Bernhards oder seiner Attribute befinden sich auch in einigen Wappen:

Hargesheim Würdenstab des Hl. Bernhard

Sponheim

Literatur

Werke

- *Sämtliche Werke*, 10 Bde., hrsg. v. Gerhard B. Winkler; Tyrolia: Innsbruck 1990, ISBN 3-7022-17320
- Bernardin Schellenberger (Hg.): *Rückkehr zu Gott*. Die mystischen Schriften, Düsseldorf 2006.

Sekundärliteratur

- Adriaan H. Bredero: *Bernhard von Clairvaux: zwischen Kult und Historie; über seine Vita und ihre historische Auswertung*, aus dem Niederländischen von Ad Pistorius. Mit einem Geleitwort von Ulrich Köpf, Stuttgart: Steiner 1996, 270 S., ISBN 3-515-06898-8
- Jean Leclerq: Art. *Bernhard von Clairvaux*. In: TRE 5 (1980), S. 644-651
- Friedrich Wilhelm Bautz: *Bernhard von Clairvaux* [4]. In: *Biographisch-Bibliographisches Kirchenlexikon* (BBKL). Band 1, Hamm 1975, Sp. 530–532.
- Peter Dinzelbacher: *Bernhard von Clairvaux; Leben und Werk das berühmten Zisterziensers*, Darmstadt 1998, ISBN 3-89678-027-1
- Günther Binding: Art. *Bernhard von Clairvaux*, in: LexMa 1 (1980), Sp.1992-1997

Weblinks

- Literatur von und über Bernhard von Clairvaux [5] im Katalog der Deutschen Nationalbibliothek

Werke

- Opera omnia Sancti Bernardi Claraevallensis [6], Werke nach Patrologia Latina 182-185
- Werke [7] bei archive.org, darunter:
  - Saint Bernard On consideration [8], engl. Übers. von George Lewis, Oxford: Clarendon 1908.

Sekundärliteratur

- *Bernhard von Clairvaux* [9]. In: *Meyers Konversations-Lexikon.* 4. Auflage. Bd. 2, Bibliographisches Institut, Leipzig 1885–1892, S. 778.
- Eintrag [10] in der *Catholic Encyclopedia* (englisch, Ausgabe 1913)
- Eintrag im Heiligenlexikon [11]
- Werner Robl: Bernhard und Abaelard [12]

Referenzen

[1] Archivio della latinità italiana del medioevo: *Liber ad milites Templi de laude novae militiae* (http://www.uan.it/Alim/Letteratura.nsf/(volumiID)/5D132C8796219A21C1256E38003B6A35?opendocument), in Latein, abgerufen am 17. Januar 2007. Deutsche Übersetzung: Buch an die Tempelritter - Lobrede auf das neue Rittertum (http://www.kathpedia.com/index.php?title=Liber_ad_milites_templi_de_laude_novae_militiae&oldid=6766), abgerufen am 17. Januar.

[2] Krieg, Dietmar: Vom Familiengelübde zur Seelsorgeeinheit. 125 Jahre erneuerte Bernharduswallfahrt 1880-2005. 2., verbesserte Aufl. Ehingen: Druckerei Junginger 2005

[3] Schnabl, Beate: Christliche Wurzeln wiederfinden [online]. In: Südwest Presse vom 21. August 2008: http://www.suedwest-aktiv.de/region/geislingerzeitung/aus_den_kreisgemeinden/3784112/artikel.php?SWAID=dbe7ca72a1e86e00efdfffb3586927b2

[4] http://www.bbkl.de/b/bernhard_v_cla.shtml

[5] https://portal.d-nb.de/opac.htm?query=Woe%3D118509810&method=simpleSearch

[6] http://www.binetti.ru/bernardus/

[7] http://www.archive.org/search.php?query=creator%3A%22Bernard%22%20and%20creator%3A%22Clairvaux%22

[8] http://www.archive.org/details/bernarddeclirvau00bernuoft

[9] http://www.retrobibliothek.de/retrobib/schlagwort.html?wort=Bernhard%2520von%2520Clairvaux&werk=Meyers&seitenr=0778&bandnr=2

[10] http://www.newadvent.org/cathen/02498d.htm

[11] http://www.heiligenlexikon.de/BiographienB/Bernhard_von_Clairvaux.htm

[12] http://www.abaelard.de/abaelard/030026bernhard.htm

David von Augsburg

David von Augsburg (um 1200; † 19. November 1272 in Augsburg) war mystischer Schriftsteller.

David von Augsburg war ein mystischer Schriftsteller und einer der frühsten Lehrer des Franziskanerordens in Deutschland, lebte zu Regensburg, seit 1243 in Augsburg, war Lehrer und Freund Bertholds von Regensburg und starb 1272 in Augsburg.

Außer zahlreichen lateinischen Schriften verfasste er auch aszetische Schriften in deutscher Sprache, von denen Franz Pfeiffer sechs in *Deutsche Mystiker des 13. Jahrhunderts* (Leipzig 1845) herausgegeben hat. Dieser hält ihn auch für den Verfasser des Schwabenspiegels.

Werke (Auswahl)

- *Pia et devota opuscula*, Augsburg 1596
- *De exterioris et interiosis hominis compositione secundum triplicem statum incipientium, proficientium et perfectorum libri tres (Unterweisungen f. Novizen u. Mönche; dt. v. Thomas Villanova: Wegweiser z. christl. Vollkommenheit, Brixen 1902).*
- *Die sieben Staffeln des Gebetes* (In der deutschen Originalfassung, hrsg. von Kurt Ruh, 2 Tle., 1965)

Literatur (Auswahl)

- Cornelius Bohl: *Geistlicher Raum: räumliche Sprachbilder als Träger spiritueller Erfahrung; dargestellt am Werk De compositione des David von Augsburg*. Werl 2000. ISBN 3-87163-253-8
- Gundolf Gieraths: *Deutsche Mystiker: eine Textauswahl; Texte von David von Augsburg bis Johannes Tauler. Zürich ; Einsiedeln ; Köln: Benziger, 1977. ISBN 3-545-20508-8*
- Dirk Müller: *Gesellschaft und Individuum um 1300 in volkssprachlicher franziskanischer Prosa.* Köln, Univ., Diss., 2003 Online-Ressource [1] (Bibliografie zu David von Augsburg S. 426-430)
- Claudia Rüegg: *David von Augsburg : historische, theologische und philosophische Schwierigkeiten zu Beginn des Franziskanerordens in Deutschland.* Frankfurt 1989. ISBN 3-261-03939-6
- Karl Richstätter: *Die Herz-Jesu-Verehrung des deutschen Mittelalters.* Regensburg 1924.
- Kurt Ruh: *Geschichte der abendländischen Mystik. Band II. Frauenmystik und franziskanische Mystik der Frühzeit.* München 1993, S. 526 - 540.
- Dagobert Stöckerl: *Bruder David von Augsburg: ein deutscher Mystiker aus dem Franziskanerorden.* (Dissertation München), 1914

Weblinks

- Texte Davids im mittelhochdeutschen Textarchiv der Universität Trier: "Pater Noster" und "Sieben Staffeln des Gebets" [2]
- Literatur von und über David von Augsburg [3] im Katalog der Deutschen Nationalbibliothek
- *David von Augsburg* [4]. In: *Biographisch-Bibliographisches Kirchenlexikon* (BBKL).
- Wilhelm Preger: *David von Augsburg* [5]. In: *Allgemeine Deutsche Biographie* (ADB). Band 4, Duncker & Humblot, Leipzig 1876, S. 782–784.
- David von Augsburg im Augsburg-Wiki [6]

Referenzen

[1] http://kups.ub.uni-koeln.de/volltexte/2005/1487/index.html
[2] http://mhgta.uni-trier.de/katalogsuche.php?ses_id=4ce29ec169bc787f6731032dc4cd28e5&suchwort=*david+von+Augsburg&ordnung=fbsigle&gesendet=Suchen
[3] https://portal.d-nb.de/opac.htm?query=Woe%3D118679007&method=simpleSearch
[4] http://www.bbkl.de/d/david_v_a.shtml
[5] http://mdz10.bib-bvb.de/~db/bsb00008362/images/index.html?seite=784
[6] http://www.augsburgwiki.de/index.php/AugsburgWiki/DavidVonAugsburg

Hildegard von Bingen

Hildegard von Bingen (* unsicher: um den Sommer 1098[1] in Bermersheim vor der Höhe oder in Niederhosenbach; † 17. September 1179 im Kloster Rupertsberg bei Bingen) war Benediktinerin (ab 1136 Äbtissin) und gilt als erste, aber nicht typische Vertreterin der deutschen Mystik des Mittelalters. Ihre Werke befassen sich mit Religion, Medizin, Musik, Ethik und Kosmologie. Ein umfangreicher Briefwechsel mit auch harschen Ermahnungen gegenüber selbst hochgestellten Zeitgenossen und Berichte über weite Seelsorgereisen einschließlich öffentlicher Predigttätigkeit sind erhalten geblieben. Dass dies einer Frau in der mittelalterlichen Gesellschaft möglich war, lässt sich dadurch erklären, dass ihr prophetisches Selbstverständnis von ihrer Umwelt geteilt wurde. Ihre Reliquien werden in Eibingen aufbewahrt.

Hildegard von Bingen empfängt eine göttliche Inspiration und gibt sie an ihren Schreiber weiter. Miniatur aus dem Rupertsberger Codex des *Liber Scivias*

Leben

Herkunft

Hildegard von Bingen wurde als Tochter der Edelfreien Hildebert und Mechtild geboren. Weder Geburtstag noch Geburtsort werden von ihr oder zeitgenössischen Biografen genannt. Da ausgedehnter Besitz der Familie Hildegards aus Bermersheim vor der Höhe in ihre spätere Klostergründung einging und in einem Dokument ein *Hiltebertus von Vermersheim und sein Sohn Drutwin* (als Name von Hildegards Bruder bekannt) erwähnt werden, ist eine Geburt oder zumindest Kindheit dort wahrscheinlich.[2] Als zehntes Kind der Eltern sollte sie ihr Leben der Kirche widmen (*ein Zehnter an Gott*).

> „... und meine Eltern weihten mich Gott unter Seufzern, und in meinem dritten Lebensjahr sah ich ein so großes Licht, daß meine Seele erzitterte ..."
>
> – *Autobiographie*[3]

Kindheit

Hildegard wurde in ihrem achten Lebensjahr, wie damals üblich, von ihren Eltern in einem verbindlichen Ritus für das Klosterleben bestimmt und mit der sechs Jahre älteren Jutta von Sponheim in religiöse Erziehung gegeben. Jutta hatte bereits zwei Jahre zuvor im Alter von 12 Jahren von dem Mainzer Erzbischof Ruthard die Jungfrauenweihe empfangen. Für drei Jahre übernahm diese Erziehung die im Witwenstand lebende Uda von Göllheim.

> „In meinem achten Jahr aber wurde ich zu geistlichem Leben Gott dargebracht (*oblata*) und bis zu meinem fünfzehnten Jahr war ich jemand, der vieles sah und mehr noch einfältig aussprach, so daß auch die, welche diese Dinge hörten, verwundert fragten, woher sie kämen und von wem sie stammten."
>
> – *Autobiographie*[3]

In Klausur auf dem Disibodenberg

Klosterruine Disibodenberg

Am 1. November 1112[4] wurde sie mit Jutta, von da an ihre Lehrmeisterin, und einer dritten jungen Frau in einem Inklusorium an oder in dem seit 1108 von Benediktinermönchen bewohnten Kloster Disibodenberg eingeschlossen. Während Jutta an diesem Tage vor Abt Burchard (1108–1113) auch ihre Profess ablegte, tat dies Hildegard später vor dem Bischof Otto von Bamberg, der von 1112 bis 1115 den inhaftierten Mainzer Erzbischof Adalbert vertrat.[5] [6] Nach dem Tode Juttas in der mittlerweile zum Kloster gewachsenen Klause wurde sie 1136 zur Oberin der versammelten Schülerinnen gewählt. Mehrfach kam es zu Auseinandersetzungen mit Abt Kuno von Disibodenberg, weil Hildegard die Askese, eines der Prinzipien des Mönchtums, mäßigte. So lockerte sie in ihrer Gemeinschaft die Speisebestimmungen und kürzte die durch Jutta festgelegten, sehr langen Gebets- und Gottesdienstzeiten. Offener Streit brach aus, als Hildegard mit ihrer Gemeinschaft ein eigenes Kloster gründen wollte. Die Benediktiner von Disibodenberg stellten sich dem entschieden entgegen, da Hildegard dem Kloster Popularität verschaffte.

Beginn der öffentlichen Wirksamkeit

Bei der Leitung ihrer Anhängerschaft und zur Begründung ihrer geschriebenen Texte berief sich Hildegard auf Visionen, die nach ihrer eigenen Darstellung 1141 unwiderstehlich stark wurden. Unsicher über die göttliche Herkunft ihrer Visionen suchte Hildegard in einem aufgewühlt klingenden Brief Unterstützung bei Bernhard von Clairvaux, der sie beruhigte, zugleich aber vorsichtig antwortete:

> „Wir freuen uns mit dir über die Gnade Gottes, die in dir ist. Und was uns angeht, so ermahnen und beschwören wir dich, sie als Gnade zu erachten und ihr mit der ganzen Liebeskraft der Demut und Hingabe zu entsprechen. (…) Was können wir übrigens noch lehren oder wozu ermahnen, wo schon eine innere Unterweisung besteht und eine Salbung über alles belehrt?[7] "

Die beiden Briefe sind trotz gegenseitiger Hochschätzung die einzige Korrespondenz, die zwischen Hildegard und Bernhard stattfand. Da der Brief Bernhards die Erwartung Hildegards bzw. ihres Umfeldes nicht ganz erfüllte, wurde er für die Aufnahme in den Rupertsberger Riesenkodex abgeändert. Daneben wird in der neueren Forschung darüber gestritten, ob dieses kurze Zitat, das wie ein höfliches Ausweichmanöver gelesen werden kann, nicht genauso fiktiv ist wie die Episode über den vergeblichen Besuch Bernhards in Rupertsberg, bei dem Hildegard leider nicht anwesend sein konnte. Jedenfalls hat seine Anerkennung – ob fiktiv oder nicht – sehr zur Anerkennung ihrer historischen Persönlichkeit beigetragen.[8]

Dennoch begann Hildegard 1141 in Zusammenarbeit mit Propst Volmar von Disibodenberg und ihrer Vertrauten, der Nonne Richardis von Stade, ihre Visionen und theologischen wie anthropologischen Vorstellungen in Latein niederzuschreiben. Da sie selbst die Grammatik des Lateinischen nicht beherrschte, ließ sie alle Texte von ihrem Schreiber (letzter Sekretär: Wibert von Gembloux) korrigieren. Ihr Hauptwerk *Liber Scivias Domini* (*Wisse die Wege des Herrn*) entstand in einem Zeitraum von sechs Jahren. Dieses Buch enthält 35 Miniaturen. Diese Miniaturen theologischen Inhalts sind äußerst kunstvoll in leuchtenden Farben gemalt und dienen hauptsächlich zur Veranschaulichung des komplizierten und tiefsinnigen Textes. Die Originalhandschrift gilt seit Ende des 2. Weltkrieges als verschollen, in der Eibingener Abtei ist heute eine illuminierte Kopie aus dem Jahr 1939 zu besichtigen.

Während einer Synode in Trier bekam Hildegard 1147 schließlich von Papst Eugen III. die offizielle Erlaubnis, ihre Visionen zu veröffentlichen. Diese Erlaubnis stärkte auch ihre politische Bedeutung. Darüber hinaus wurde sie zu diesem Zeitpunkt wegen ihrer Visionen geschätzt und stand mit vielen geistlichen und weltlichen Mächtigen in Korrespondenz.

Hildegard hatte im Laufe ihres Lebens zahlreiche Visionen. 1141 erlebte sie eine Erscheinung, die sie als Auftrag Gottes verstand, ihre Erfahrungen aufzuzeichnen. Über diese Erfahrung – und unsicher darüber, was sie bedeutete, wurde sie krank. In ihrer theologischen Schrift *Liber Scivias* (Wisse die Wege), in der ihre Visionen versammelt sind, beschreibt Hildegard ihren inneren Kampf:

> „Ich aber, obgleich ich diese Dinge hörte, weigerte mich lange Zeit sie niederzuschreiben – aus Zweifel und Missglauben und wegen der Vielfalt menschlicher Worte, nicht aus Eigensinn, sondern weil ich der Demut folgte und das so lange, bis die Geißel Gottes mich fällte und ich ins Krankenbett fiel; dann, endlich bewegt durch vielerlei Krankheit (...) gab ich meine Hand dem Schreiben anheim. Während ichs tat spürte ich (...) den tiefen Sinn der Heiligen Schrift; und ich erhob mich so selbst von der Krankheit durch die Stärke, die ich empfing und brachte dies Werk zu seinem Ende – eben so – in zehn Jahren. (...) Und ich sprach und schrieb diese Dinge nicht aus Erfindung meines Herzens oder irgend einer anderen Person, sondern durch die geheimen Mysterien Gottes, wie ich sie vernahm und empfing von den himmlischen Orten. Und wieder vernahm ich eine Stimme vom Himmel, und sie sprach zu mir: Erhebe deine Stimme und schreibe also!"

Hildegards sehr bildliche Beschreibungen ihrer körperlichen Zustände und ihrer Visionen interpretiert der Neurologe Oliver Sacks als Symptome einer schweren Migräne, speziell aufgrunde der von ihr geschilderten Lichterscheinungen (Auren). Sacks und andere moderne Naturwissenschaftler gehen davon aus, dass Hildegard an einem Skotom litt, das diese halluzinatorischen Lichtphänomene hervorrief.[9] [10]

Meisterin vom Rupertsberg

Als anerkannte Wissenschaftlerin gründete sie zwischen 1147 und 1150 schließlich das Kloster Rupertsberg auf dem Rupertsberg an der linken Seite der Nahe. Die erhaltenen Kunstgegenstände, vor allem das gold-purpurne Antependium, zeugen vom ehemaligen Reichtum Rupertsbergs.

Bereits 1151 kam es zu neuen Auseinandersetzungen mit geistlichen Amtsträgern: Der Mainzer Erzbischof Heinrich und sein Bremer Amtsbruder verlangten, dass Richardis von Stade das neue Kloster verlasse. Richardis war die Schwester des Bremer Erzbischofs und sollte Äbtissin des Klosters Bassum werden. Hildegard verweigerte die Freistellung ihrer engsten Mitarbeiterin zunächst und schaltete Eugen III. ein. Dennoch setzten sich die beiden Erzbischöfe schließlich durch und Richardis verließ das Kloster Rupertsberg.

Nach dieser Einigung bestätigte Erzbischof Heinrich schließlich 1152 die Überschreibung der durch Hildegards Ruf sehr umfangreich gewordenen Klostergüter. Dieser ansteigende Reichtum wirkte sich auch auf das Klosterleben aus und rief Kritik hervor. So griffen mehrere Geistliche, aber auch Leiterinnen anderer Klöster, zum Beispiel Meisterin Tengswich von Andernach, Hildegard an, weil ihre Nonnen entgegen dem monastischen Armutsgebot angeblich luxuriös lebten und nur Frauen aus adligen Familien aufgenommen wurden.[11]

Da die Zahl der Nonnen im Rupertsberger Kloster ständig zunahm, erwarb Hildegard 1165 das Augustiner-Kloster in Eibingen und gründete dort ein Filialkloster, in das Nichtadelige eintreten konnten. Sie setzte dort eine Priorin ein und behielt sich die Äbtissinnenwürde vor.

Hildegard von Bingen starb am 17. September 1179.

Wirken

Die Bedeutung Hildegards von Bingen lässt sich schlecht in einzelne Kategorien zwängen, da sich das Weltbild seit der Aufklärung stark verändert hat. In ihrer Zeit waren bedeutende Personen Universalgelehrte. Hildegard von Bingen gilt allgemein als Person, die durch eigene Denkansätze neue Impulse setzte und damit einen umfassenden Blickwinkel ermöglichte.

Religiöse und politische Bedeutung in ihrer Zeit

Ihr selbstbewusstes und charismatisches Auftreten führte zu ihrer großen Bekanntheit. Sie predigte als erste Nonne öffentlich dem Volk die Umkehr zu Gott (u. a. auf Predigtreisen nach Mainz, Würzburg, Bamberg, Trier, Metz, Bonn und Köln). Kaiser Barbarossa rief sie im Jahre 1163 als Beraterin in die Ingelheimer Kaiserpfalz. Auch im hohen Alter unternahm sie noch Reisen zu verschiedenen Klöstern.

Wegen ihres Glaubens und ihrer Lebensart wurde sie für viele Menschen zur Wegweiserin. Schon zu ihren Lebzeiten nannten viele sie eine Heilige. Hildegard begründete diese Auffassung, indem sie sich für ihre theologischen und philosophischen Aussagen immer wieder auf Visionen berief. Damit sicherte sie ihre Lehren gegen die Lehrmeinung ab, dass Frauen aus eigener Kraft nicht zu theologischen Kenntnissen in der Lage seien. Sie selbst bezeichnete sich als „ungebildet". Unter anderem griff sie auf der Seite des Papstes in die theologische Auseinandersetzung um die Wandlung des Altarsakraments ein.

Seite aus dem *Liber Divinorum Operum*

Ihre moralische Lehre faszinierte zu ihrer Zeit nicht nur die Nonnen, sondern auch Mönche, Adlige und Laien. Mit starkem Selbstbewusstsein setzte sie ihre Interessen gegen andere durch, sowohl aus Überzeugung als auch zur Durchsetzung politischer Ziele (z. B. bei der Bestattung eines begüterten Exkommunizierten oder dem Abstreiten der Besitzrechte des Disibodenberges).

Vor allem sind es die drei theologischen Werke, die ihren damaligen Ruhm begründeten. Ihr Hauptwerk *Scivias* („Wisse die Wege") ist eine Glaubenslehre, in der Weltbild und Menschenbild untrennbar mit dem Gottesbild verwoben sind. Die philosophisch-theologische Gesamtschau, die in allen wesentlichen Punkten der damaligen offiziellen Kirchenlehre entspricht, wird in 26 Visionen dargestellt. Das zweite Visionswerk *Liber Vitae Meritorum* („Buch der Lebensverdienste") könnte man als visionäre Ethik beschreiben. In ihm werden 35 Laster und Tugenden gegenübergestellt. Das dritte Buch *Liber Divinorum Operum* ist Hildegards Schau über Welt und Mensch. Sie beschreibt hier die Schöpfungsordnung gemäß der mittelalterlichen Mikrokosmos-Makrokosmos-Vorstellung als etwas, in dem Leib und Seele, Welt und Kirche, Natur und Gnade in die Verantwortung des Menschen gestellt sind. Damit schuf sie auch eine frühe Form des Homo signorum.

Ebenfalls zum theologischen Gesamtwerk zu zählen ist ihre umfangreiche Korrespondenz mit hohen geistlichen und weltlichen Würdenträgern (darunter auch Bernhard von Clairvaux), die in ca. 300 Schriftstücken erhalten geblieben ist. Darin zeigt sie ihren außergewöhnlich starken Charakter und Gottesglauben. Für ihre Zeit wirken ihre offenen Worte und Ermahnungen, die sie gegenüber König und Papst führte, besonders bemerkenswert. Ihre Herkunft sowie die Besetzung höchster Kirchenämter durch Verwandte (u. a. ihr Bruder Hugo als Domkantor von Mainz) verschafften ihr den nötigen Einfluss, um angehört zu werden.

Bedeutung in Biologie und Medizin

Bekannt ist, dass Hildegard in den 1150er Jahren auch medizinische Abhandlungen verfasste. Im Gegensatz zu den religiösen Schriften sind hier jedoch keine zeitgenössischen Exemplare erhalten. Alle zitierten Texte stammen aus späteren Zeiten (13. bis 15. Jahrhundert). In diesem Zeitraum gab es naturgemäß viele Abschriften, Ergänzungen und Umschreibungen. Heute sind 13 Schriften bekannt, die Hildegard als Verfasserin angeben, wobei deren Identität mit der Äbtissin angezweifelt wird. Der Begriff Hildegard-Medizin wurde als Marketingbegriff erst im 20. Jahrhundert eingeführt.

Weltall-Darstellung aus dem *Liber Scivias*

Interessant für Biologie und Medizin sind ihre Abhandlungen über Pflanzen und Krankheiten. Nach 1150 verfasste Hildegard mit *Causae et Curae* (*Ursachen und Heilungen*) ein Buch über die Entstehung und Behandlung von verschiedenen Krankheiten. Das zweite der naturkundlichen Werke heißt *Liber subtilitatum diversarum naturarum creaturarum*, was auf Deutsch so viel bedeutet wie „Buch über das innere Wesen (Beschaffenheit und Heilkraft) der verschiedenen Kreaturen und Pflanzen", weshalb Hildegard heute teilweise als erste deutsche Ärztin bezeichnet wird. Diese naturkundlichen Werke zählen u. a. zu den Standardwerken der mehr esoterisch orientierten Naturheilkunde. Zu ihrer Zeit waren Ärzte Klostermediziner und angebliche Wunderheiler; es gab kein wissenschaftliches Medizinstudium. Die Leistung Hildegards liegt unter anderem darin, dass sie das damalige Wissen über Krankheiten und Pflanzen aus der griechisch-lateinischen Tradition mit dem der Volksmedizin zusammenbrachte und erstmals die volkstümlichen Pflanzennamen nutzte. Sie entwickelte vor allem aber eigene Ansichten über die Entstehung von Krankheiten, Körperlichkeit und Sexualität. Eigene medizinische Verfahren entwickelte sie nicht, sondern trug lediglich bereits bekannte Behandlungsmethoden aus verschiedenen Quellen zusammen. Auch Edelsteine und Metalle bezog sie in ihre Behandlungsempfehlungen ein.

Der Gedanke der Einheit und Ganzheit ist auch ein Schlüssel zu Hildegards natur- und heilkundlichen Schriften. Diese sind ganz davon geprägt, dass Heil und Heilung des kranken Menschen allein von der Hinwendung zum Glauben, der allein gute Werke und eine maßvolle Lebens-Ordnung hervorbringt, ausgehen kann.

Bedeutung in der Musik

Die unter dem Namen *Symphonia armonie celestium revelationum* („Symphonie der Harmonie der himmlischen Erscheinungen") überlieferte Sammlung geistlicher Lieder der Hildegard von Bingen umfasst 69 Stücke mit überlieferten Melodien, vier Liedtexte ohne Melodien[12] sowie das in Text und musikalischer Notation erhaltene liturgische Drama (Geistliches Spiel) *ordo virtutum,* das in zwei Fassungen – der in der Visionsschrift *Scivias* sowie im späteren sog. Rupertsberger Riesencodex (Wiesbaden) – vorliegt und das am reinsten die visionäre Gedanken- und Bilderwelt Hildegards zum Ausdruck bringt.

Hildegards Selbststilisierung als *indocta* oder *illiterata* wird heute häufig missverstanden. Gemeint ist eine Abgrenzung gegenüber einem neuen Konzept von Bildung. Ihre Haltung zur Schrift bezog sich dagegen auf das ältere monastische Handwerk der Gedächtniskunst, wobei sie vor allem an ein Genre aus dem 5. Jahrhundert anknüpfte[13] : Prudentius' *Psychomachia* – ein allegorischer Kampf zwischen den Tugenden und den Lastern, denen sie im *ordo virtutum* („Spiel der Kräfte" wie die Seele, die Tugenden, die Engel usw.) durch Gesänge eine musikalische Gestalt und eine Stimme gab – oft in einem ausgreifenden Ambitus, der die plagale und authentische Tonart umspannt. Solche Inszenierungen der Tugenden *(virtutes)* haben möglicherweise im Rahmen eines liturgischen Dramas die Kirche ihrer Abtei belebt.[14]

Anlässlich eines Symposiums zum 900. Geburtstag verglichen einige Musikwissenschaftler die notierten Gesänge mit den neuen mehrstimmigen Formen der aquitanischen Kantoren, die aus der Interaktion mit der Notation entwickelt wurden, und fanden mit ihrer positivistischen Auffassung von musikalischem Fortschritt nicht die rechten Kriterien für eine „Komponistin", die das Handwerk des Schreibens und Notierens ihrer Kanzlei überließ. Dieser Bruch, bei dem sich das Verhältnis zwischen mündlicher Tradition zur Schrift wandelt, ist aber charakteristisch für das 12. Jahrhundert und auch Spezialisten haben heute nur sehr ungenaue Vorstellungen darüber.

Werke

- *Liber Scivias* (1141–1151)
- *Liber vitae meritorum* (1148–1163)
- *Liber divinorum operum / De operatione Dei* (1163–1173/74)
- *Vita Sancti Ruperti* (um 1168)
- *Physica*
- *Causae et curae*

Nachleben

Wirkungsstätten

Das Kloster Disibodenberg wurde in Folge der Reformation aufgelöst und verfiel. Heute sind dort ausgedehnte Ruinen zu besichtigen.
Das Kloster Rupertsberg wurde während des Dreißigjährigen Krieges im Jahre 1632 von den Schweden zerstört. Die vertriebenen Ordensschwestern übersiedelten in das Kloster Eibingen. Die Ruinen wurden später überbaut. Heute befinden sich dort Reste von fünf Arkadenbögen der ehemaligen Klosterkirche. Der um das Kloster Rupertsberg entstandene Ort Bingerbrück gehört zu Bingen am Rhein.
Das Kloster Eibingen wurde 1803 im Zuge der Säkularisation aufgehoben und teilweise abgebrochen. Ein Flügel des Klosters ist erhalten. Die Klosterkirche wurde Pfarrkirche des Ortes Eibingen. Sie hat heute auch Bedeutung als Wallfahrtskirche, da sich dort der Schrein mit den Gebeinen Hildegards befindet. Die oberhalb von Eibingen bestehende Abtei St. Hildegard ist eine Neugründung von 1904. Diese Abtei besitzt heute jedoch die Rechte der beiden Wirkungsstätten Rupertsberg und Eibingen. Die Äbtissin von Eibingen steht dadurch in der offiziellen Nachfolge der Heiligen Hildegard.

Verehrung und Brauchtum

Schrein mit den Gebeinen der heiligen Hildegard von Bingen in der Pfarrkirche von Eibingen

Heiligsprechung

Bereits zu Lebzeiten wurde Hildegard wie eine Heilige verehrt. 1228 wurde ein erster Antrag auf Heiligsprechung gestellt. Ein offizielles Heiligsprechungsverfahren wurde bereits von Papst Gregor IX. (1227-1241) durch eine von ihm veranlasste Untersuchung begonnen, aber nicht abgeschlossen. Aufgrund von Widerständen des bischöflichen Mainzer Stuhles dauerte das Verfahren so lange an, dass selbst der letzte bekannte Versuch eines ordentlichen Kanonisationsverfahrens unter Papst Innozenz IV. im Jahre 1244 aufgrund dieser Widerstände des Mainzer Domkapitels zu keinem Ergebnis führte. Der bischöfliche Widerstand scheint nicht in der Person Hildegards, sondern in der Kompetenzfrage für eine Kanonisation begründet gewesen sein, denn erst seit dem 12. Jahrhundert hatte Rom die Zuständigkeit für Heiligsprechungen an sich gezogen. Dafür spricht das aus der ersten Hälfte des 13. Jahrhunderts stammende Antependium der Rupertsberger Klosterkirche, auf dem Hildegard mit Heiligenschein und der Bischof von Mainz als sie verehrender Stifter abgebildet ist. Ohne dass heute der Abschluss eines damals auch nicht zwingend nötigen Kanonisationsverfahren bekannt ist, erfolgte die Kanonisation (Aufnahme in den Kanon) Hildegards spätestens 1584 mit der Aufnahme in die Erstausgabe des Martyrologium Romanum (Verzeichnis der offiziell Heiliggesprochenen der römisch-katholischen Kirche) [15] . Die regelmäßig zu größeren Festlichkeiten oder Jubiläen der Heiligen übersendeten päpstlichen Bullen zeugen von der großen Bedeutung Hildegards; auch Papst Benedikt XVI. hat sich in seiner Zeit als Professor in Bonn intensiv mit dem Leben und den Schriften Hildegards beschäftigt.

Zusätzlich wurde von der Arbeitsgemeinschaft Katholischer Frauenverbände und -gruppen im Jahre 1979 in Rom eine Bitte um Anerkennung Hildegards als Kirchenlehrerin vorgebracht[16] . Dieses Verfahren ist nach wie vor im Vatikan in der Prüfungsphase.

Für eine Auflistung der Kirchen, die der heiligen Hildegard von Bingen geweiht sind, siehe: Hildegardkirche.

Eibinger Reliquienschatz

Hildegard hat als eine der bedeutendsten Frauen des Mittelalters eine große Anzahl von Reliquien geschenkt bekommen und zusammengetragen. Diese als Eibinger Reliquienschatz bezeichneten Reliquien befinden sich, wie der Hildegardisschrein selbst, in der Pfarrkirche St. Hildegard und St. Johannes d. T. in Eibingen. Der Reliquienschatz wird in dem südlichen Teil des Hauptschiffes in einem gläsernen Altar aufbewahrt. Der Hildegardisschrein befindet sich im Altarraum der Kirche in einem Hochgrab.

Hildegardisfest in Eibingen

Das religiös katholisch geprägte Hildegardisfest wird jährlich am 17. September in Eibingen gefeiert. Es gliedert sich traditionell in das am Morgen gehaltene Pontifikalamt und die mittags stattfindende Reliquienfeier mit der seit 1857 stattfindenden Reliquienprozession auf dem traditionellen Prozessionsweg von Eibingen. Der Reliquienschrein ist an diesem Tag für die Gläubigen zugänglich, die Tür an der Vorderseite des Schreines wird ausschließlich an diesem Tag geöffnet. Das Fest schließt mit der Hildegardisvesper in der ebenfalls in Eibingen gelegenen Abtei St. Hildegard.

Gedenken und Namensträger

Ab 1741 gibt es Aufzeichnungen über den Bau der Hildegardisschule in Rüdesheim.[17]

Eine Gedenktafel für sie fand Aufnahme in die Walhalla bei Regensburg.

Seit 1995 wird jährlich von der Landeszahnärztekammer Rheinland-Pfalz der Hildegard-von-Bingen-Preis für Publizistik verliehen.

Die *Bundesvereinigung Gesundheit* verleiht die *Hildegard von Bingen-Medaille* [18]

Das Hildegard-von-Bingen-Gymnasium im Kölner Stadtteil Sülz wurde nach ihr benannt.

Das Hildegardisgymnasium Bochum ist ebenfalls nach Hildegard von Bingen benannt. (http:/ / www. hildegardis-bochum.de/index.php/kontakt.html)

Gesellschaften/Forschung

Die Hildegard-Forschung hat mittlerweile weltweite Bedeutung gewonnen. In Deutschland und Europa befassen sich unzählige Diplomarbeiten, Forschungsgruppen und Hildegard-Gesellschaften mit den Schriften und dem Wirken der Heiligen. In den letzten Jahren hat verstärkt Interesse an den Hildegard-Werken aus den Vereinigten Staaten und Asien eingesetzt. Hildegard-Kongresse in den USA oder Asien zeugen vom weltumspannenden Interesse am Thema der Nonnenklöster im allgemeinen und Hildegard im besonderen.

Film/Bühne

Die Regisseurin Margarethe von Trotta (Produzent: Markus Zimmer) verfilmte im Jahr 2008 das Leben der Hildegard von Bingen mit dem Titel *Vision - Aus dem Leben der Hildegard von Bingen*. Hildegard wird dabei von der Schauspielerin Barbara Sukowa gespielt. [19] Der Concorde Filmverleih brachte den Film am 24. September 2009 in die deutschen Kinos. Bereits 2008 erschien eine Audio-CD mit dem Hildegard-Musical „Ich sah die Welt als EINS“ von Musiktheaterautor Pilo. [20]

Zehn Jahre zuvor brachte die Berliner Autorin, Schauspielerin und Regisseurin Nadja Reichardt [21] das Leben der Hildegard von Bingen unter dem Titel "Eine Schwalbe im Krieg" erfolgreich auf die Theaterbühne. Seit der Premiere 1998 wird das intensive Ein-Personen-Stück Jahr für Jahr an illustren Orten wie dem Französischen Dom Berlin, der Dresdner Frauenkirche und anderen Sakralbauten aufgeführt. Eine Hörspiel-Version existiert ebenfalls.

Literatur

Werkausgaben

- Digitalisat des „Riesencodex“ [22]
- Digitalisat der Salemer Handschrift von Scivias [23]
- Hildegard von Bingen: *Scivias. Wisse die Wege. Eine Schau von Gott und Mensch in Schöpfung und Zeit.* Übersetzt und herausgegeben von Walburga Storch OSB. Pattloch, Augsburg 1990, ISBN 3-629-00563-2.
- Bernward Konermann (Hrsg.): *Hildegard von Bingen: Ordo Virtutum – Spiel der Kräfte*. Augsburg 1991, ISBN 3-629-00604-3.
- Walter Berschin: *Hildegard von Bingen: Symphonia. Gedichte und Gesänge.* lateinisch und deutsch (mit H. Schipperges), Gerlingen 1995.
- Diskographie (engl.) [24]

Sekundärliteratur

- Tilo Altenburg: *Soziale Ordnungsvorstellungen bei Hildegard von Bingen.* Stuttgart 2007, ISBN 978-3-7772-0711-7
- Barbara Beuys: *Denn ich bin krank vor Liebe: Das Leben der Hildegard von Bingen.* Piper, ISBN 3-492-23649-9 (Taschenbuch)
- Michael Embach: *Die Schriften Hildegards von Bingen. Studien zu ihrer Überlieferung und Rezeption im Mittelalter und in der frühen Neuzeit.* Akademie, Berlin 2003, ISBN 978-3-05-003666-3. (*Erudiri Sapientiae.* Band 4)
- Elisabeth Forster u. a. (Hrsg.):*Hildegard von Bingen. Prophetin durch die Zeiten. Zum 900. Geburtstag.* Freiburg / Br. 1998 (2). ISBN 3-451-26162-6.
- Alfred Haverkamp (Hrsg.): *Hildegard von Bingen in ihrem historischen Umfeld. Internationaler wissenschaftlicher Kongress zum 900-jährigen Jubiläum. 13. bis 19. September 1998. Bingen am Rhein.* Mainz 2000.
- Josef Heinzelmann: *Hildegard von Bingen und ihre Verwandten. Genealogische Anmerkungen.* In: Jahrbuch für westdeutsche Landesgeschichte 23 (1997), S. 7–88.
- Monika Klaes (Hrsg.): *Vita sanctae Hildegardis. Leben der heiligen Hildegard von Bingen. Canonizatio Sanctae Hildegardis. Kanonisation der heiligen Hildegard.* Herder, Freiburg [u. a.] 1998, ISBN 3-451-23376-2. (*Fontes Christiani.* Band 29).
- Barbara Newman: *Hildegard von Bingen, Schwester der Weisheit.* Herder Verlag, Freiburg, ISBN 3-451-23675-3.
- Barbara Newman (Hrsg.): *Voice of the Living Light. Hildegard of Bingen and Her World.* Berkeley u. a. 1998.
- Marianne Richert Pfau & Stefan J. Morent: *Hildegard von Bingen: Der Klang des Himmels.* In: Annette Kreutziger-Herr & Melanie Unseld (Hg.): „Europäische Komponistinnen“ Bd. 1; Köln: Böhlau 2005.

- Marianne Richert Pfau: *Hildegard von Bingen's Symphonia: An Analysis of Musical Process, Modality, and Text-Music Relations.* Dissertation, Stony Brook University 1990.
- Hermann Josef Roth: *Missverstandene Klostermedizin.* Spektrum der Wissenschaft, März 2006, S. 84 – 91 (2006), ISSN 0170-2971 [25].
- Christian Sperber: *Hildegard von Bingen. Eine widerständige Frau.* Aichach 2003, ISBN 3-929303-25-6.
- Barbara Stühlmeyer: Die Gesänge der Hildegard von Bingen. Hildesheim 2003, ISBN 3-487-11845-9
- Josef Sudbrack: *Hildegard von Bingen: Schau der kosmischen Ganzheit.* Echter, Würzburg 1995, ISBN 3-429-01696-7
- Victoria Sweet: *Rooted in the Earth, Rooted in the Sky: Hildegard of Bingen and Premodern Medicine.* New York: Routledge 2006, ISBN 0-415-97634-0.
- Melitta Weiss-Amer [= Melitta Weiss Adamson]: *Die 'Physica' Hildegards von Bingen als Quelle für das 'Kochbuch Meister Eberhards'*, Sudhoffs Archiv 76 (1992), 1, 87-96; vgl. dazu: Anita Feyl: *Das Kochbuch des Eberhard von Landshut (erste Hälfte des 15. Jahrhunderts)*, Ostbairische Grenzmarken 5 (1961), S. 352-366.
- Maura Böckeler: *Der heiligen Hildegard von Bingen Reigen der Tugenden Ordo Virtutum*; ein Singspiel; Barth, Prudentiana (Musik); Böckeler, Maura, Berlin: Sankt Augustinus, 1927
- Maura Böckeler: *Hildegard, Saint, 1098–1179. Wisse die Wege. Scivias.* Nach dem Originaltext des illuminierten Rupertsberger Kodex ins Deutsche übertragen und bearbeitet von Maura Böckeler, Salzburg, O. Müller, 1954
- Christine Büchner: *Hildegard von Bingen : eine Lebensgeschichte*, Frankfurt am Main ; Leipzig : Insel-Verl., 2009, ISBN 978-3-458-35069-9

Weblinks

- Kommentierte Linksammlung [26] der Universitätsbibliothek der Freien Universität Berlin
- Land der Hildegard - das Informationsportal über Hildegard von Bingen [27]
- Abtei St. Hildegard, Eibingen [28]
- *Hildegard von Bingen* [29]. In: *Biographisch-Bibliographisches Kirchenlexikon* (BBKL).
- Literatur von und über Hildegard von Bingen [30] im Katalog der Deutschen Nationalbibliothek
- Werke von Hildegard von Bingen [31]. In: Projekt Gutenberg-DE.
- Biografie, Werk, Verweise [32]
- Bistum Trier über Hildegard von Bingen [33]
- Musikbeispiel: *Caritas abundat* (Chor: Caltech Women's Glee Club) [34]
- Modelle des ehem.Klosters von Bingen [35]
- Antonius van der Linde: *Hildegard von Bingen.* In: *Allgemeine Deutsche Biographie* (ADB). Band 12, Duncker & Humblot, Leipzig 1880, S. 407 f.
- Hildegard von Bingens Werke [36] in Bibliotheca Augustana
- Biografie, Botschaft, Texte, Impulse von Pfr. Wolfgang Schuhmacher (Pfarrei Münster-Sarmsheim) [37]
- Website des Films *Vision - Aus dem Leben der Hildegard von Bingen* [38] von Margarethe von Trotta (Kinostart: 24. September 2009)

Referenzen

[1] Das Geburtsdatum lässt sich näher bestimmen für die Zeit zwischen dem 1. Mai 1098 und dem 17. September 1098 nach den Angaben in Hildegard von Bingen *Scivias* 1990, S. 5, und Klaes 1998, S. 231

[2] Marianna Schrader, Adelgundis Führkötter: *Die Herkunft der Heiligen Hildegard.* In: *Quellen und Abhandlungen zur mittelrheinischen Kirchengeschichte.* Bd. 43, 2. Aufl., Mainz 1981, S. 14,18

[3] Klaes 1998, S. 125

[4] Jahreszahl nach Juttas Vita (Franz Staab: *Reform und Reformgruppen im Erzbistum Mainz. Vom ‚Libellus de Willigisi consuetudinibus' zur ‚Vita domnae Juttae inclusae'*, in: *Reformidee und Reformpolitik im spätsalisch-frühstaufischen Reich,* Hg. Stefan Weinfurter unter Mitarbeit von Hubertus Seibert, Mainz 1992 (Quellen und Abhandlungen zur mittelrheinischen Kirchengeschichte 68)). Dagegen berichtet Hildegards Vita, sie sei im Alter von acht Jahren auf dem Disibodenberg eingeschlossen worden. (Monika Klaes (Hrsg.): *Vita Sanctae Hildegardis.* (Corpus Christianorum, Continuatio mediaevalis 126). Brepols, Turnholti 1993., ISBN 2-503-04261-9, I, 1, S. 6)

[5] Alfred Haverkamp: *Hildegard von Disibodenberg-Bingen. Von der Peripherie zum Zentrum.* In: Alfred Haverkamp (Hrsg.): *Hildegard von Bingen in ihrem historischen Umfeld. Internationaler wissenschaftlicher Kongress zum 900-jährigen Jubiläum. 13. bis 19. September 1998. Bingen am Rhein.* Mainz 2000. Anm. 5 und 73

[6] Klaes 1998, S. 14

[7] Hildegard von Bingen: *Im Feuer der Taube: die Briefe.* Übers. und hrsg. von Walburga Storch. Augsburg: Pattloch, 1997. ISBN 3-629-00885-2; hier: S. 21; vgl. die Interpretation des Briefwechsels bei Christian Sperber, Hildegard von Bingen. Eine widerständige Frau, Aichach 2003, S. 92-115.

[8] Michael Embach: *Die Schriften Hildegards von Bingen: Studien zu ihrer Überlieferung und Rezeption im Mittelalter und in der frühen Neuzeit,* Habilitation Universität Trier, Berlin 2003 (Google-Buch (http://books.google.de/books?id=B0BcQoeU6ZsC& printsec=frontcover)).

[9] Oliver Sacks, Migraine: Understanding a Common Disorder (Berkeley, 1985), 106-108

[10] http://www.uni-magdeburg.de/unirep/UR2001/januar2001/aura.html Ines Perl: Der Migräne-Aura auf der Spur, Uni Magdeburg, Januar 2001

[11] Den spöttischen Brief von Tengswich beantwortet Hildegard recht kühl, ohne auf die einzelnen Vorwürfe einzugehen. Lediglich zur Trennung von adligen bzw. nichtadligen Nonnen bemerkt sie, ein konfliktfreies Zusammenleben der verschiedenen Stände sei schwierig. Vgl. Hildegard von Bingen: *Im Feuer der Taube: die Briefe.* Übers. und hrsg. von Walburga Storch. Augsburg: Pattloch, 1997. ISBN 3-629-00885-2; hier: S. 110-114.

[12] M. R. Pfau: *Hildegard von Bingen's Symphonia: An Analysis of Musical Process, Modality, and Text-Music Relations,* Dissertation, Stony Brook University 1990.

[13] M. Carruthers: *The Craft of Thought,* Cambridge etc. 1998.

[14] M. R. Pfau & S. J. Morent: *Hildegard von Bingen: Der Klang des Himmels,* Köln 2005.

[15] Martyrologium romanum, 9. Auflage, Rom 1749, Kapitel September: (http://www.breviary.net/martyrology/mart09/mart0917.htm).

[16] Helene Möhler: *Eine Bitte nach Rom: Erhebung der hl. Hildegard von Bingen zur Kirchenlehrerin.* In: *die christliche frau.* 68. Jg., Nr. 2, 1979, S. 39–43. Katholischer Deutscher Frauenbund e. V., Köln.

[17] Homepage der Hildegardisschule Rüdesheim Geschichte (http://www.hildegardisschule-ruedesheim.de//30.0.html)

[18] http://www.aekno.de/downloads/archiv/1997.06.008.pdf Notiz im Ärzteblatt Nordrhein 6/97 (Zugriff Juli 2009)

[19] Schwäbische Zeitung Online: „Margarethe von Trotta dreht Film über Hildegard von Bingen" (http://www.szon.de/news/kino/aktuell/ 200802100091.html)

[20] Hildegard-Musical (http://www.hildegard-musical.de)

[21] Kurzportrait [[Nadja Reichardt (http://www.doku-medienproduktion.de/dmp2/index.php?option=com_content&view=article& id=55:nadja-reichardt&catid=25:die-autoren)] beim Verlag DMP Doku-Medienproduktion]

[22] http://www.hlb-wiesbaden.de/index.php?p=201

[23] http://digi.ub.uni-heidelberg.de/sammlung2/cpg/salX16.xml?docname=salX16&pageid=PAGE0001

[24] http://www.medieval.org/emfaq/composers/hildegard.html

[25] http://dispatch.opac.d-nb.de/DB=1.1/CMD?ACT=SRCHA&IKT=8&TRM=0170-2971

[26] http://www.ub.fu-berlin.de/service_neu/internetquellen/fachinformation/germanistik/autoren/autorh/hildegard.html

[27] http://www.land-der-hildegard.de

[28] http://www.abtei-st-hildegard.de

[29] http://www.bbkl.de/h/hildegard_v_b.shtml

[30] https://portal.d-nb.de/opac.htm?query=Woe%3D118550993&method=simpleSearch

[31] http://gutenberg.spiegel.de/autoren/hildegar.htm

[32] http://www.hildegard.org/gwelcome.html

[33] http://www.bistum-trier.de/bingen/index.html

[34] http://www.music-theater-art.caltech.edu/womens/Music/03_04/Spring/01%20Caritas%20Abundat.mp3

[35] http://www.schnitzler-aachen.de/Modellbau/Bingen/Rup.html

[36] http://www.hs-augsburg.de/~harsch/Chronologia/Lspost12/Hildegard/hil_intr.html

[37] http://www.wolfgang-schuhmacher.de/hildegardvonbingenspiritualitaet/bistumhildegard/home.htm

[38] http://www.vision-derfilm.de/

Gregor der Große

Der Heilige **Gregor I., genannt der Große** (* um 540 in Rom; † 12. März 604, Rom) war von 590 bis 604 Papst der römisch-katholischen Kirche. Er ist auch unter dem Namen *Gregor Dialogus* bekannt, gilt als einer der bedeutendsten Päpste überhaupt und ist der jüngste der vier großen lateinischen Kirchenlehrer der Spätantike.

Gregor I. beim Diktieren der Gregorianischen Gesänge (aus dem Antiphonar des Hartker von St. Gallen, um 1000)

Leben

Gregor entstammte wahrscheinlich einer uralten, hochangesehenen stadtrömischen Patrizier-Familie, den *Anicii*,[1] die im 5. Jahrhundert zwei der letzten weströmischen Kaiser gestellt hatten und auch in Ostrom zur Oberschicht zählten. Gregor war ein Urenkel Papst Felix' II. (III.) († 492).[2] Gregors Vater Gordianus war hoher Beamter der Stadt Rom, und auch Gregor folgte anfangs der Familientradition und ging nach einer gründlichen rhetorischen und juristischen Ausbildung zunächst einer weltlichen Karriere als Politiker nach. Nach seiner Amtszeit (wahrscheinlich) als *Praefectus urbi* von Rom - dem höchsten Amt, das ein Senator in Italien noch bekleiden konnte - entschied er sich 575 jedoch für ein Leben als Mönch - vielleicht nicht zuletzt aufgrund fehlender Perspektiven für eine weitere Karriere in kaiserlichen Diensten. Der weströmische Senat befand sich seit dem Gotenkrieg (535–552) ohnehin in Auflösung. Die elterliche Villa auf dem Monte Celio wandelte er in ein Benediktinerkloster um. Sein Vorgänger als Papst, Pelagius II., holte ihn 579 in den Kirchendienst und sandte ihn als Apokrisiar nach Konstantinopel, wo er sechs Jahre lang blieb und aufgrund eher schlechter Griechischkenntnisse mitunter mit Verständigungsschwierigkeiten zu kämpfen hatte. Nach seiner Rückkehr wurde Gregor Berater Pelagius' II. und am 3. September 590 selbst zum Papst gewählt - der erste Mönch, der in dieses Amt gewählt wurde.

Gregor I. (zweiter von rechts) mit Benedikt von Nursia, Laurentius von Rom und Johannes dem Täufer auf einem Bild von Andrea Mantegna (1459)

Seit den Rückeroberungskriegen unter Justinian I. stand die Stadt Rom zumindest nominell unter der Herrschaft des oströmischen Kaisers. Gregor war nicht auf einen Konflikt mit Kaiser Maurikios (582-602) aus, dessen Hauptaugenmerk auf der Verteidigung des Imperiums an Euphrat und Donau lag; er riskierte aber dessen Ungnade, als er 593 eigenmächtig einen teilweisen Abzug der Langobarden aushandelte und auf ihre Forderung nach einem jährlichen Tribut von 500 Goldpfund einging. Um den Titel „ökumenischer Patriarch" kam es zudem zu Auseinandersetzungen mit dem Patriarchen von Konstantinopel Johannes IV. Nesteutes. Gregor war der bereits von

Innozenz I. aufgestellte Anspruch der Vormacht Roms in der Gesamtkirche bewusst, ohne dass er diesen bedingungslos forciert hätte. Gegenüber den noch immer nicht unbedeutenden Gruppen von Altgläubigen trat Gregor dagegen in der Regel intolerant auf; so gab er im Jahr 599 Order, die Heiden Sardiniens durch Folter und Beugehaft zum Übertritt zum Christentum zu zwingen. Historisch bedeutend wurde seine Entscheidung, Missionare nach Britannien zu entsenden. In Folge dessen trat der angelsächsische König Ethelbert von Kent zum katholischen Glauben über. Damit wurde der Grundstein für ein neues gesamtabendländisches Kirchenbewusstsein gelegt, mit dem römischen Papsttum an der Spitze.

Als „Mönchspapst" nannte sich Gregor „Knecht der Knechte Gottes", was bis heute Bestandteil der päpstlichen Titulatur blieb. In seiner Grabinschrift wird er zudem als *consul Dei*, also als „Gottes Konsul" bezeichnet. Die Armenfürsorge wurde ein wichtiges Element seines Pontifikats. Die Getreideversorgung der damals wohl noch immer etwa einige Zehntausend Einwohner zählenden Stadt Rom, die eigentlich dem Kaiser oblag, war mangelhaft, weshalb Gregor die riesigen Ländereien der Kirche in Süditalien und Sizilien neu organisierte und bewirtschaften ließ. Zu Anfang jeden Monats fand eine allgemeine Verteilung von Lebensmitteln statt. Ebenso mahnte Gregor die anderen Bischöfe, dass der Darbende nur dann für die Predigt empfänglich sei, wenn ihm zuvor eine „helfende Hand" gereicht wurde. Almosen betrachtete er als Gott dargebrachtes Opfer, das letztlich Gnade im Gottesgericht erwirkt.

Gregor schrieb den Begriff „Papst" als ausschließliche Amtsbezeichnung für den Bischof von Rom fest. Mit ihm trat das Papsttum von der Spätantike ins Mittelalter über.

Nachwirken

Durch seine zahlreichen Schriften erlangte Gregor über Jahrhunderte in der katholischen Kirche hohe Bedeutung. Daneben findet er als einer von ganz wenigen westlichen Heiligen auch in der orthodoxen Kirche viel Beachtung und Verehrung.

Obwohl weder das Gregorianische Sakramentar noch der Gregorianische Choral seine Schöpfungen sind, wurde ihm im Mittelalter deren Urheberschaft zugesprochen, um ihnen zusätzliche Autorität zu geben. Dem katholischen Messbuch gab Gregor in der Liturgie seine noch heute gültige Form.

Gregor I. (Idealporträt von Antonello da Messina, um 1472/1473)

Gedenktage

- katholischer Gedenktag: 3. September (der Tag seiner Wahl zum Papst 590)
- katholischer gebotener Gedenktag: 12. März (Tag der Bestattung 604)
- evangelischer Gedenktag: 12. März (Tag der Bestattung 604)
- anglikanischer Gedenktag: 3. September (der Tag seiner Wahl zum Papst 590)
- orthodoxer Gedenktag: 12. März (Tag der Bestattung 604)

Die Heiligsprechung erfolgte 1295 durch Papst Bonifatius VIII. Seine Attribute sind die Tiara, Buch, Taube, Arme bedienend. Er ist Patron des kirchlichen Schulwesens, der Bergwerke; des Chor- und Choralgesanges; der Gelehrten, Lehrer, Schüler, Studenten, Sänger, Musiker, Maurer, Knopfmacher; gegen Gicht und Pest.

Siehe auch

- Liste der Seligen und Heiligen
- Musik des Mittelalters

Werke

Gregors Stil ist literarisch anspruchsloser als der der anderen Kirchenväter, seine Sprache ist näher am gesprochenen Wort und vermeidet bewusst die Schmuckmittel und gebildeten Reminiszenzen einer griechisch und klassisch lateinisch gebildeten Elite, wie sie Augustinus und Hieronymus noch voraussetzen konnten. Die Einfachheit seines Stils ist nicht nur Ausdruck der gewandelten Bildungsverhältnisse seiner Zeit, sondern auch bewusste Entscheidung für einen „demütigen Stil" (*stilus humilis*), der die Wahrheit des Evangeliums in den Mittelpunkt stellt und der kunstvollen Form als Ausdruck der Weltweisheit misstraut, dabei Schlichtheit des Ausdrucks durchaus mit Stärke des Gefühls und dem Gestus leidenschaftlicher Überzeugung zu verbinden weiß. Den Erfolg und die Beliebtheit seiner Werke im Mittelalter und deren Einfluss auf die Volksfrömmigkeit hat dieser Stil wesentlich mitbegünstigt: seine exegetischen Schriften gehören zu den am häufigsten exzerpierten, seine *Dialogi* zu den meistgelesen Werken im Mittelalter.

- *Liber regulae pastoris* (I-IV). PL 77,13–128. Kritische Ausgabe von F. Rommel mit franz. Übersetzung von Ch. Morel, Paris 1992 (= Sources Chrétiennes, 381–382). Ausgabe der altenglischen Übersetzung von I. Carlson, Stockholm 1975–1978. Deutsche Übersetzung von G. Kubis, Graz 1986, ISBN 3-222-11690-3
  Behandelt die Gründe für die Entscheidung zum Amt des Seelsorgers, die für dieses Amt erforderlichen Tugenden, die Aufgaben des Seelsorgers und die Notwendigkeit der täglichen Selbstbesinnung und Selbstprüfung.
- *Moralia in Iob* (I-XXXV). PL 75, 519–1162; PL 76, 9–782. Kritische Ausgabe von M. Adriaen, CCSL 143 (1979), 143A (1979), 143B (1985).
  Ein ungewöhnlich breit angelegter Hiobkommentar in 35 Büchern, begonnen während des Aufenthalts in Konstantinopel und vollendet um 595, der das Buch Hiob nach dem Prinzip des dreifachen Schriftsinns interpretiert: einerseits litteral in der wörtlichen Bedeutung des Textes, andererseits moralisch-tropologisch in der Beziehung auf die moralische Situation des einzelnen Menschen und allegorisch-typologisch in der Beziehung auf die Heilstatsachen der Geschichte Christi und seiner Kirche.
- *Homiliae in evangelia* (I-II). PL 76, 1075–1314; deutsche Übersetzung von Michael Fiedrowicz, Freiburg 1997-1998 (= Fontes Christiani, 28.1-2), ISBN 3-451-23811-X, 3-451-23812-8
  Vierzig exegetische Predigten zu Evangelienperikopen, wahrscheinlich im Lauf des Kirchenjahres 590/91 vorgetragen und 592 schriftlich herausgegeben. Die zwanzig Predigten des ersten Buches diktierte Gregor und ließ sie in seiner Gegenwart durch einen kirchlichen Notar vortragen, die zwanzig Predigten des zweiten Buches hielt er selbst.
- *Homiliae in Ezechielem* (I-II). PL 76, 781-1072. Kritische Ausgabe von M. Adriaen, CCSL 142 (1971). Deutsche Übersetzung von Gegorg Bürke, Einsiedeln: Johannes-Verlag, 1983
  22 exegetische Predigten aus dem Jahr 593, mit fortlaufender Erklärung von Ez 1-3 und Ez 40.
- *Homiliae in canticum canticorum*. Kritische Ausgabe von P. Verbraken, CCSL 144 (1963), p.3–46.
  Zwei Predigten über eine Stelle des Hoheliedes (Ct 1,1-8), nicht zu verwechseln mit der unter den Werken Gregors überlieferten *Expositio super cantica canticorum* (PL 79,471-548), die heute meist Robert von Tumbalena zugeschrieben wird.
- *In librum I Regum expositiones* (I-VI). PL 79,17-468. Ed. P. Verbraken, CCSL 144 (1963), p.49–614
  Kommentar zum 1. Buch der Könige.
- *Dialogi de vita et miraculis patrum Italicorum* (I-IV): PL 77,127–431. Kritische Ausgabe von U. Moricca, Rom 1924 (= Fonti per la Storia d'Italia, 57). Deutsche Übersetzung von Joseph Funk, *Bibliothek der Kirchenväter*, 2.

Ausgabe, Reihe II, 3 (1933).

Vier Bücher über das Leben und die Wundertaten von Heiligen Italiens, um den Nachweis anzutreten, dass nicht nur der Orient, sondern auch Italien wundertätige asketische Heilige besaß. Das zweite Buch ist ganz dem Hl. Benedikt von Nursia gewidmet. (Nach Ansicht einiger Forscher „erfand" Gregor Benedikt als Exempel des Idealmönchs, andere, wie Johannes Fried, halten es hingegen für möglich, dass die Benediktsvita gar nicht von Gregor stammt, da dieser Benedikt sonst nie erwähne.) Das vierte Buch will mit einer Sammlung von Jenseitsvisionen und Erscheinungen Verstorbener den Glauben an das Leben nach dem Tod bekräftigen. Das Werk hat die Visionsliteratur des Mittelalters überaus nachhaltig geprägt. So gilt Gregor den Reformatoren, die nur von Himmel und Hölle als Jenseitsorte ausgingen, als 'Erfinder des Fegefeuers', da er hier nachweist, dass an bestimmten Aufenthaltsorten Verstorbene durch Feuer oder Wasser von ihren lässlichen Sünden gereinigt werden können. Auch sollen Messopfer diese Bußzeit verkürzen können. Aufgrund der recht populären griechischen Übersetzung der Dialoge wird Gregor in der orthodoxen Kirche als *Gregorios ho Dialogos* verehrt.

Des weiteren sind 854 Briefe erhalten, die Gregor an Bischöfe, Fürsten, Missionare u.a. Personen im gesamten Bereich des Christentums schrieb. Die Briefe behandeln Themen, wie Theologie, Moral, Politik, Diplomatie, Mönchstum, bischöfliche und päpstliche Verwaltung und geben Aufschluss über Gregors Charakter und seine Amtsführung.

Literatur

- Arnold Angenendt: *Das Frühmittelalter. Die abendländische Christenheit von 400 bis 900.* Kohlhammer, Stuttgart 2001, ISBN 3-17-017225-5, S. 239–243
- Georg Jenal: *Gregor der Große und die Stadt Rom (590-604).* In: Herrschaft und Kirche. Hrsg. von F. Prinz. Stuttgart 1988 (Monographien zur Geschichte des Mittelalters 33), S. 109-145.
- Marie-Luise Laudage: *Caritas und Memoria mittelalterlicher Bischöfe* (Münstersche Historische Forschungen 3). Köln-Weimar-Wien 1993
- Hartmut Leppin: *Die Kirchenväter und ihre Zeit. Von Athanasius bis Gregor dem Großen.* Beck, München 2000, ISBN 3-406-44741-4
- Robert A. Markus: *Gregory the Great and his world.* Cambridge 1997.
- Jeffrey Richards: *Consul of God. The Life and Times of Gregory the Great.* London 1980 (deutsch unter dem Titel: *Gregor der Große. Sein Leben, seine Zeit*, Graz-Wien-Köln 1983)
- Pierre Riché: *Gregor der Große. Leben und Werk.* Verlag Neue Stadt, München 1996, ISBN 3-87996-353-3
- Meinolf Schumacher: *Noch ein Höhlengleichnis. Zu einem metaphorischen Argument bei Gregor dem Großen.* In: *Literaturwissenschaftliches Jahrbuch* 31 (1990), S. 53-68.
- Bernd Wißner u.a: *Der große Gregor. Freund der Kinder.* Wißner, Augsburg 2004, ISBN 3-89639-424-X

Weblinks

- Literatur von und über Gregor der Große [3] im Katalog der Deutschen Nationalbibliothek
- *Gregor der Große* [4]. In: *Biographisch-Bibliographisches Kirchenlexikon* (BBKL).
- Gregor der Große: Vita Benedicti (deutsch) [5]
- Eintrag [6] in der *Catholic Encyclopedia* (englisch, Ausgabe 1913)
- Werke Gregors in *Nicene and Post-Nicene Fathers, Series II*: Bd. 12 [7] und Bd. 13 [8]
- Gesamtwerk von Migne Patrologia Latina mit Inhaltsverzeichnis [9]

Referenzen

[1] Gregor bezeichnet sich selbst nie als Angehörigen der *gens Anicia* und erwähnt diese Familie in seinen Schriften niemals. Die Annahme, er sei ein Anicier gewesen, stützt sich auf die Grabinschrift seiner Urgroßmutter Petronia. Die Hypothese bleibt umstritten; sicher ist aber, dass Gregor der senatorischen Aristokratie entstammte. Vgl. Chris Wickham: *Framing the Early Middle Ages*, Oxford 2005, S. 160.

[2] *Gregor I., der Große* (http://www.heiligenlexikon.de/BiographienG/Gregor_I_der_Grosse.htm). Ökumenisches Heiligenlexikon. Abgerufen am 30. Mai 2008.

[3] https://portal.d-nb.de/opac.htm?query=Woe%3D118541838&method=simpleSearch

[4] http://www.bbkl.de/g/gregor_i.shtml

[5] http://www.kloster-ettal.de/vita_benedicti/deutsch.htm

[6] http://www.newadvent.org/cathen/06780a.htm

[7] http://www.ccel.org/ccel/schaff/npnf212.html

[8] http://www.ccel.org/ccel/schaff/npnf213.html

[9] http://www.documentacatholicaomnia.eu/01_01_0590-0604-_Gregorius_I,_Magnus,_Sanctus.html

Kloster Helfta

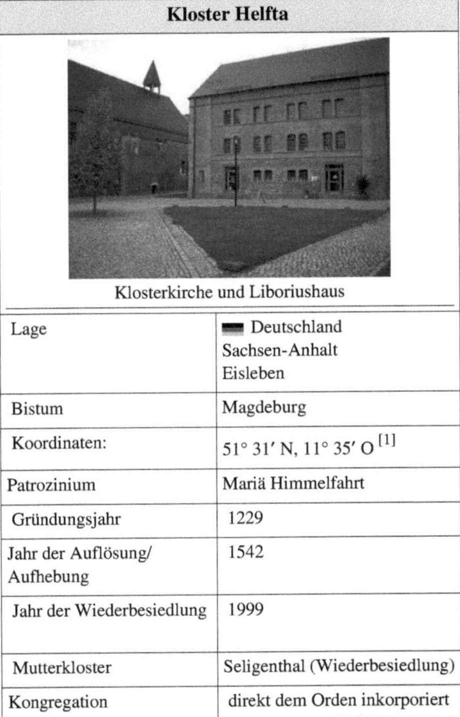

Kloster Helfta	
Klosterkirche und Liboriushaus	
Lage	Deutschland Sachsen-Anhalt Eisleben
Bistum	Magdeburg
Koordinaten:	51° 31′ N, 11° 35′ O [1]
Patrozinium	Mariä Himmelfahrt
Gründungsjahr	1229
Jahr der Auflösung/ Aufhebung	1542
Jahr der Wiederbesiedlung	1999
Mutterkloster	Seligenthal (Wiederbesiedlung)
Kongregation	direkt dem Orden inkorporiert

Das **Kloster Helfta** (eigentlich: *Kloster St. Marien zu Helfta*) ist ein Zisterzienserinnenkloster im Ortsteil Helfta der Lutherstadt Eisleben in Sachsen-Anhalt. Es ist selbstständiges Priorat des Zisterzienserordens. Im 13. Jahrhundert war das Kloster Helfta (Helpede) unter der Äbtissin Gertrud von Hackeborn (Hakeborn) (1232-91) das Zentrum der deutschen Frauenmystik und galt durch die Mystikerinnen und Theologinnen Mechthild von Magdeburg (um 1207-1284/92), Gertrud „die Große“ von Helfta (1256-1301/02) und Mechthild von Hackeborn (Hakeborn) (1241-1298/9) (eine leibliche Schwester der Äbtissin Gertrud) als *Perle und Krone der deutschen Frauenklöster*.

Liboriushaus, Klosterkirche und Konventsgebäude

Gründung und Blüte

Das Kloster wurde 1229 bei Mansfeld nahe der Burg Mansfeld vom Grafen Burchard von Mansfeld und seiner Gemahlin Elisabeth gegründet. 1234 wurde das Kloster von der Witwe Graf Burchards aufgrund der ungünstig gewählten Lage nahe einer Burg ins nordwestlich von Eisleben gelegene Rossdorf verlegt und 1258 aufgrund großen Wassermangels in Rossdorf nach Helfta verlegt.

Die drei Mystikerinnen

Von Anfang an war das Kloster unter der weitsichtigen und tatkräftigen Leitung Gertruds von Hackeborn konsequent auf seine Unabhängigkeit bedacht. Zugleich verwurzelt in bewährten kirchlichen Ordnungen und offen für die Probleme der Zeit, suchte der Konvent neue Entwicklungen zu fördern. Die Nonnen lebten nach der Regula Benedicti und nahmen die Reformen der Zisterzienser an, ohne sich offiziell dieser neuen Ordensrichtung anzuschließen; so wurde das mittelalterliche Kloster Helfta sowohl von Benediktinerinnen als auch von Zisterzienserinnen jeweils als dem eigenen Orden zugehörig betrachtet. Zugleich pflegte man enge Kontakte zu den Dominikanern in Halle und öffnete sich für die Religiosität der Armutsbewegung, der sich schon die adelige Gründerin des Klosters, Elisabeth von Mansfeld, zugewandt hatte Endgültig öffnete sich die Klostergemeinschaft der Armutsbewegung und der mit ihr verbundenen Theologie und Spiritualität der Frauenbewegung des 13. Jahrhunderts, als man es wagte, die Begine Mechthild von Magdeburg aufzunehmen, und zwar nicht nur, um ihr Zuflucht zu bieten, sondern ausdrücklich auch, damit sie ihre neuen Mitschwestern „erleuchte und lehre“.[2]

Da die Äbtissin Gertrud, die vierzig Jahre lang das Kloster leitete (1251-1291), der Überzeugung war, ohne Wissenschaft habe die Religion keine Zukunft, wurde das Kloster zu einem Zentrum des humanwissenschaftlichen und theologischen Studiums. Neben einer sorgfältig bestückten Bibliothek gab es auch ein Skriptorium, in dem Bücher für den Eigenbedarf sowie für andere Bibliotheken abgeschrieben wurden. Hohen Stellenwert hatte zudem die Musik, besonders gepflegt von Mechthild von Hackeborn, der „Nachtigall Christi“. Die eigene literarische Produktion des Klosters war dann auch nicht nur eine Sache der beiden hochbegabten Nonnen Gertrud und Mechthild: sie waren getragen von einer Gemeinschaft, die sie begleitete und unterstützte. So wäre es zu eng, Helfta nur in Hinblick auf die drei herausragenden „Mystikerinnen“ zu sehen; in der Wissenschaft spricht man heute von einer „Helftaer Theologinnenschule“.[3] Nachweisbar ist insbesondere die namentlich nicht mehr bekannte „Schwester N“, die bei der Redaktion der Offenbarungsniederschriften Gertruds und Mechthilds bedeutsam mitwirkte.[4]

Die Fortwirkung dieses Helfta in der Nachwelt ist kaum zu überschätzen, wissenschaftlich jedoch bis heute noch nicht genauer erfasst. Das, was „Deutsche Mystik“ genannt wird, ist jedenfalls ohne Helfta nicht denkbar. Offene Fragen sind beispielsweise die Einflüsse auf Meister Eckhart, der in diesen Jahren zeitweise im nahen Erfurt Prior war. Sicher anzunehmen, wenn auch noch nicht im einzelnen nachgewiesen (außer bei Christine Ebner und Margareta Ebner), sind Einflüsse auf die Mystik und literarische Tätigkeit in den süddeutschen Frauenklöstern, entlang den wichtigen Handelswegen von Magdeburg über Nürnberg ins schwäbische, oberrheinische und schweizerische Gebiet.[5] Durch die von der Herzogin Zedena angeregte Drucklegung der Helftaer Werke kurz nach 1500 in Sachsen sind auch - noch zu erforschende - Einflüsse auf Katharina von Bora und Martin Luther denkbar. Im Zuge der katholischen Erneuerung seit der zweiten Hälfte des 16.Jahrhunderts verbreiteten sich dann die Schriften aus Helfta, besonders diejenigen Gertruds, über die ganze katholische Welt und wurden in Zeiten religiöser Aufbrüche immer wieder aktuell, weit über den Bereich der sogenannten "Mystik" hinaus. In der Gegenwart gewinnen sie wieder an Interesse auch in Hinblick auf eine von Frauen formulierte, heutige Konfessionsgrenzen überschreitende menschenfreundliche Religiosität. Neuere Forschung betont vor allem auch die Bedeutung Helftas im Bereich der Theologie, wo die Helftaer Schriften einen innigen personalen „Herzens“-Bezug von Gott und Mensch herausstellen, indem der liebende Gott auf den Menschen zugeht und der Mensch in seiner Gegenliebe zu Würde und Selbstbewusstsein gelangt.

Niedergang

Das Kloster wurde in den folgenden Jahrhunderten mehrmals verwüstet, unter anderem von Albrecht von Braunschweig im Jahr 1342. Deshalb wurde es 1343 in die Stadt Eisleben verlegt. Nach den Wirren des Bauernkrieges und der damit verbunden Flucht der Nonnen aus dem Kloster Neuen-Helfta über Halle kehrten einige Nonnen mit der Äbtissin Katharina von Watzdorff 1529 auf Bestreben des Grafen Hoyer, der das Kloster wieder herrichten ließ, nach Alt-Helfta zurück.

VEG Eisleben

Nach der Reformation wurde das Kloster Helfta 1542 säkularisiert. Die letzte urkundliche Erwähnung des Klosters trägt das Datum vom 19. Juni 1542. Das Klostergut fand im Laufe der Jahre unterschiedliche Besitzer und wurde 1712 eine preußische Staatsdomäne.

Die DDR übernahm diese Staatsdomäne und wandelte sie in ein Volkseigenes Gut (VEG) mit etwa 2000 Arbeitsplätzen um. Während dieser Zeit wurden die Klostergebäude nicht unterhalten und verfielen zusehends.

Gegen Ende der DDR gab es die Bestrebung, die Reste der Klosterkirche (eine Giebelwand und eine Seite) zu sprengen. Dies wurde jedoch durch den persönlichen Einsatz des Lehrers Joachim Herrmann verhindert. Er setzte sich 1988 aus Respekt vor dem wertvollen Kulturerbe beim Rat des Kreises Eisleben für den Erhalt des Klosters ein.

Wiederaufbau

Nach dem Ende der DDR gewann die Idee Raum, Kloster Helfta wieder aufzubauen und als Kloster zu besiedeln. Dazu bildeten die bereits bestehenden vier Förderkreise (aus Sachsen-Anhalt und Bayern) im Juni 1992 den „Verband der Freunde des Klosters Helfta“. Im August 1994 erwarb das Bistum Magdeburg mit Spendenmitteln dieses Verbandes (1,5 Millionen DM) das Gelände von der Treuhandanstalt.

Innenansicht der Klosterkirche St. Marien

Der Wiederaufbau der Klosterkirche, des Konventsgebäudes und des Kreuzgangs begann 1998 unter der Schirmherrschaft des Bischofs von Magdeburg, Leo Nowak. Dieser erste Bauabschnitt kostete etwa 15 Millionen DM, die durch Spenden aus aller Welt aufgebracht wurden. Die Bundesanstalt für Arbeit unterstützte den Wiederaufbau des Klosters durch eine Vergabe-ABM für 36 Arbeitslose aus der Region.

Nach 457 Jahren bezogen am 13. August 1999 Zisterzienserinnen, vor allem aus dem Kloster Seligenthal Landshut, das Kloster und bildeten einen neuen Konvent unter der Äbtissin Maria Assumpta Schenkl.

Die Wiedergründung des Klosters wurde durch ein päpstliches Schreiben vom 17. November 1999 besiegelt. Damit ist das Kloster Helfta ein selbstständiges Priorat.

Die Klosterkirche St. Marien wurde von Bischof Leo Nowak am 21. November 1999 geweiht. Der Kirchbau zeichnet sich durch ein Symbiose aus alter Bausubstanz und moderner Architektur aus.

Weiterhin wurden seitdem folgende Gebäude eingeweiht:

- Bildungs- und Exerzitienhaus
- St.-Gertrud-Stift
- Hotel an der Klosterpforte
- Alters- und Pflegeheim St. Mechthild (Caritas)
- Liboriushaus (mit Klosterladen)
- Herrenhaus

Die Gebäude und Grundstücke wurden auf die am 22. April 2002 gegründete Stiftung „Kloster St. Marien zu Helfta“ übertragen.

Im offenen Gelände hinter dem Kloster wurde im Jahre 2007 das von der Katholischen Frauengemeinschaft Deutschlands (kfd) angelegte „Lebendige Labyrinth“ eingeweiht, als ein Ort, an dem sich Menschen bewegen und verweilen und die Schöpfung genießen und dessen Mitte - eine bergende Weidenfigur - an das göttliche Erbarmen erinnert, den Schoß Gottes, der dem Leben Raum gibt.[6]

In Hinblick auf das Gottes- und Menschenbild der Mystikerinnen bekommt in Helfta auch das altüberlieferte zisterziensische Klostermotto einen erweiterten und vertieften Sinn: *„Porta patet, cor magis – Unsere Tür steht offen, und das Herz noch mehr“*.

Äbtissin M. Assumpta Schenkl

Für ihren Einsatz für Klosters St. Marien zu Helfta wurde Maria Assumpta Schenkl der Romanikpreis 2007 verliehen. Die Jury des Romanikpreises würdigte mit der Goldmedaille, die im Havelberger Dom verliehen wurde, das persönliche Engagement der Äbtissin. Sie hatte das Kloster in der Lutherstadt Eisleben neu belebt und einem breiten Publikum geöffnet.[7]

Äbtissin Maria Assumpta Schenkl starb am 24. April 2009. Nach ihrem Tod wurde am 11. Juni 2009 M. Agnes Fabianek, Alt-Äbtissin der österreichischen Abtei Mariastern-Gwiggen, von Herrn Generalabt Maurus Esteva als Administratorin für zunächst eineinhalb Jahre eingesetzt.[8]

Literatur

- Kurt Ruh: *Mechthild von Hackeborn und Gertrud von Helfta*. In: Ders.: *Geschichte der abendländischen Mystik II*. Beck, München 1993, S. 296-337
- Walter Repges: *„Den Himmel muss man sich schenken lassen“. Die Mystikerinnen von Helfta*. 2. Aufl. Benno-Verlag, Leipzig 2002. 144 S. - ISBN 3-7462-1424-6
- Willi Kraning (Hrsg.): *Kloster Helfta - Oase für das Leben. Blick in die Vergangenheit. Das Leben heute.* Lutherstadt Eisleben/Helfta 2004
- Michael Bangert: *Die Mystikerin Gertrud die Große und das Frauenkloster St. Marien in Helfta*. In: Ders. (Hrsg.): *Freiheit des Herzens. Mystik bei Gertrud von Helfta (Hefta)*. LIT Verlag, Münster 2004, ISBN 3-8258-7397-8, S. 5-21
- Josef Hochenauer: *Gertrudkapelle in Kloster St. Marien zu Helfta. Kapelle der Anbetung*. 1. Aufl. Kunstverlag Fink, Lindenberg 2008, ISBN 978-3-89870-518-9
- Hildegund Keul und Siegfried Ringler: *In der Freiheit des lebendigen Geistes. Helfta als geohistorischer Ort der deutschen Mystik*. In: Siegfried Ringler (Hrsg.): *Aufbruch zu neuer Gottesrede. Die Mystik der Gertrud von Helfta*. Matthias-Grünewald-Verlag, Ostfildern 2008, S. 21-35
- Hermann Größler: *Kunstinventare des Landes Sachsen- Anhalt - Mansfelder Seekreis*

Weblinks

- Kloster Helfta [9]
- Initiativkreis Kloster Helfta [10]
- [11]
- Bibliographie zu Helfta Schriftstellerinnen [12]

Referenzen

[1] http://stable.toolserver.org/geohack/geohack.php?pagename=Kloster_Helfta&language=de¶ms=51.508472_N_11.579472_E_region:DE-ST_type:landmark
[2] Nach Keul /Ringler (s. u.) S. 29
[3] Nach Keul / Ringler (s. u.) S. 28
[4] Siehe Ruh (s. u.) S. 296 u. ö.
[5] Vgl. Siegfried Ringler: *Viten-und Offenbarungsliteratur in Frauenklöstern des Mittelalters. Quellen und Studien.* Artemis, München 1980, S. 60-63; 225f.; 373
[6] Nach www.lebendiges-labyrinth.de
[7] *Verleihung des Romanikpreises 2007 in Havelberg.* (http://www.anhaltweb.de/article-3597.html) anhaltweb.de, 11. Mai 2008, abgerufen am 2. Mai 2009.
[8] Amtsblatt des Bistums Magdeburg vom Juli 2009 (http://www.bistum-magdeburg.de/front_content.php?client=4&lang=5&idcat=2395&idart=12192)
[9] http://www.kloster-helfta.de
[10] http://www.initiativkreis-kloster-helfta.de
[11] http://www.lebendiges-labyrinth.de
[12] http://www.ocist.de/index.php?id=6617

Quellen und Bearbeiter des Artikels

Mechthild von Magdeburg *Quelle*: http://de.wikipedia.org/w/index.php?oldid=68851382 *Bearbeiter*: AN, AndreasPraefcke, AnhaltER1960, Bremond, Ca$e, Demonax, DerHexer, Diba, Dundak, Engie, Enslin, ErikDunsing, FordPrefect42, Frank C. Müller, Frommbold, Guffi, He.Otto, Hejkal, Henriette Fiebig, Irmgard, JCS, Lillianne, MAY, Maxwell S., Merkurion, Mezarif, Much89, Pelz, Peter200, Sigune, Stefan Kühn, Thorbjoern, Trienentier, Turris Davidica, Umherirrender, Waess, Wolfgang K, Wst, 23 anonyme Bearbeitungen

Mystik *Quelle*: http://de.wikipedia.org/w/index.php?oldid=68533566 *Bearbeiter*: Aka, Albtalkourtaki, Amano1, Andreas Gmelin-Rewiako, Anonymus Nr.: 217.184.25.67, Arjeh, Arthur Wirthensohn, Asthma, Astralkörper, Attallah, Augiasstallputzer, Avoided, BCB, Bachforelle, Balû, Bera, BernhardMeyer, Bertramz, Blah, Boonekamp, Ca$e, Chicygni, Chris geier, ChrisHamburg, ChristophDemmer, Chrkl, Cmoder, DL5MDA, Dachris, Danielhiems, Denial, DerHexer, Diba, Dishayloo, Durga, ElRaki, Emes, Erneste, Fiege, FlorianKonnertz, FordPrefect42, Formatierungshilfe, Fossa, Fredou, Frei11, Frommbold, Fspade, Gamma, Gaurahari, Gerd Gmelin, Gerhardvalentin, Gleiberg, Gravierend blass, Guandalug, He3nry, Henriette Fiebig, Hydro, IngaGottschalk, Inkowik32, Irmgard, Ivo002, JaynFM, Jed, JonValkenberg, Joriki, Jpp, Kalaka, Karl-Henner, Klaus Frisch, Kowa, Krawi, LKD, Lichtkind, Luha, MH, MacPac, Malteser.de, Manasaputra, Manecke, Mariusmilo, Markus Mueller, Master Lenman, Matthias Langhans, Maya, Merkurion, Methylchloroisothiazolinon, Mihaly, Mipago, Mounir, Muesse, Mychajlo, Napa, Nfr, Nina, O.W.Mösy, Olag, Omerzu, Osman Kilic, PDD, Paddel, Panchito, Papezjemrtvy, ParaDox, Partonopier, Perrak, Polycarp, PsY.cHo, Purodha, RLM, Rabanus Flavus, Ralf Pfeifer, Rax, Remoroth, S.Didam, Saibo, Sara L., SaschaECzucha, Schmuel Streiml, Schnulli00, Sgoo, Shadowlands, Siebzehnwolkenfrei, Skriptor, Solid State, Sorace, Speifensender, Stefan B. Link, Stefan Kühn, Stefan64, Steffen, Thomas M., Tomk, Tomte, Uccusic, Victor Eremita, Volmar, Wegner8, Weiacher Geschichte(n), Wissling, Wolfgang K, Wst, Zaungast, Zenon, Zoon politikon, 258 anonyme Bearbeitungen

Beginen und Begarden *Quelle*: http://de.wikipedia.org/w/index.php?oldid=65221457 *Bearbeiter*: 13, 217, 4tilden, Ahmadi, Aka, Anathema, Armin P., Atamari, Badbrainz, BerndB, Bouwe Brouwer, BurghardRichter, Bötsy, Ca$e, Denis Barthel, Der kleine grüne Schornstein, E.Biermann, Elya, Enslin, Erdal Ronahi, Franz Richter, Friedrichheinz, G.hooffacker, GNosis, Gonzo29, HaeB, Hajotka, Hannibal21, Harry Stoteles, Herrick, Historiograf, Howwi, Irmgard, JFKCom, JWBE, Janosch Donner, John Eff, Juni-Juni, Koerpertraining, Manfreeed, Marco Schäfer, Martin Windischhofer, Mmg, Pjacobi, Raven, Regi51, Ronny Michel, Rosa Lux, Schubbay, Silberchen, Sirocco, Sleepingbeauty, Sneecs, Sr. F, Srbauer, Trublu, Uwe Gille, WAH, Webverbesserer, Wolfgang H., Wst, Zaungast, 54 anonyme Bearbeitungen

Dominikus *Quelle*: http://de.wikipedia.org/w/index.php?oldid=66213892 *Bearbeiter*: AHZ, Aidas, Aka, Andrew Dalby, Apholzer, Asthma, Baumfreund-FFM, Bender235, Berasategui, Bierdimpfl, Blaufisch, Centic, ChristophDemmer, Demonax, Diba, Dietrich, FEXX, GDK, GregorHelms, Gugganij, Hermetiker, Herrick, Hildegund, Historiograf, Irmgard, Jackalope, Jan12345678, Karl-Henner, Krick03, LKD, Martin Windischhofer, Martin-vogel, Melchior2006, MichaelDiederich, Nebukatnezar, Ninjamask, Otfried Lieberknecht, Parakletes, Pirnscher Mönch, Pm, Querverplänkler, Robert Huber, Sadduk, Schlurcher, Schumir, Sgoo, Siehe-auch-Löscher, Sinn, Sisal13, Stardust, Stefan Kühn, SteveK, Suicidefury, Taprogge, Treue, Triebtäter, Vinom, W!B:, Waelder, Waterborough, Wst, YourEyesOnly, Zesarewitsch, Zumbo, 41 anonyme Bearbeitungen

Dominikaner *Quelle*: http://de.wikipedia.org/w/index.php?oldid=69472601 *Bearbeiter*: Adomnan, Aidas, Aka, Aljoscha, Anathema, Architekturforscher, ArthurMcGill, Arup, Atlan da Gonozal, Avoided, BAldenhoevel, Baird's Tapir, Baronnet, Bender235, Benedikt, BenediktS, Bernhard Wallisch, Blaufisch, Bob from Halifax, BoyBoy, C-M, ChrisHamburg, Christianus, Christoph Wagener, Cleverboy, Complex, Conversion script, D, Damian, Der.Traeumer, DerHexer, Diba, Docmo, Dominik Sobacki, Dr. Meierhofer, Dti, Désirée2, Eckhart Triebel, Elwe, Emkaer, Engie, ErikDunsing, Euphoriceyes, Euripides, Farino, Flynx, FordPrefect42, Frantisek, Govannon, Grani, Grenzgänger, Gugganij, HOtte, HOtto, HaSee, Hagelhans, Hans Platte, Hardenacke, Hegeler, Helmut Zenz, HenHei, Hubertl, Ikiwaner, Irmgard, JCIV, Jed, Juesch, KaPe, Krawi, LKD, Lehorscht, Leonardo, Lewa, Lillianne, Lucarelli, MAY, Magnummandel, Manuel Heinemann, Markus Wolter, Martin Windischhofer, Meierbaer, Micha0160, Mihai Andrei, Moros, Neon02, Netnet, Neu1, Nini-el, Numbo3, OP, Oceancetaceen, Ot, Otfried Lieberknecht, Owltom, ParaDox, PeeWee, Pendulin, Peter200, Phil41, Philippos, Pidou Bleu, Pirnscher Mönch, Plantek, Primus von Quack, Pöt, Q'Alex, Rhenensius, Ri st, Robert Huber, Robodoc, RokerHRO, Rosenzweig, SML, Sallynase, Saltose, Sargoth, Schaengel89, Shmuel haBalshan, Sinn, Sr. F, Stefan64, SteveK, TheWolf, Torsten Schleese, Treue, Triebtäter, TweetyJ, Tönjes, Unscheinbar, Uschebit, Uwe Gille, Versailleslover, Vervin, VerwaisterArtikel, Vulture, W!B:, Waterborough, Widewitt, Wiegand, YourEyesOnly, Zaungast, Zenit, butler4.khe.siemens.de, 218 anonyme Bearbeitungen

Magdeburger Dom *Quelle*: http://de.wikipedia.org/w/index.php?oldid=69001890 *Bearbeiter*: 2micha, Acoma, Aka, Alanrode, Alexis Langer, Andreasdz, Anghy, Anne Will nicht, Annikatze, Anton-Josef, AquariaNR, BLueFiSH.as, Baumfreund-FFM, Binningench1, Chris 73, ChristophDemmer, ClemiMD, Crux, Curtis Newton, Der Hausgeist, Diebu, Driessel, Dunnhaupt, Duplikat, Editionakanthus, Eike sauer, El, El surya, ElNuevoEinstein, ErikDunsing, Explore.ur.world, FordPrefect42, Freki82, Frlmenke, Gbust, Gerd Taddicken, Glockenfreak89, HAL Neuntausend, He3nry, Hejkal, Hermannthomas, Ireaneus, JWBE, Jck, Jed, Jema, Jodazid, Jodo, John, Joschu16, JuergenL, Kammervirtuos, Klugschnacker, Kotofeij K. Bajun, Kranenburger, Kresspahl, Liberal Freemason, Lienhard Schulz, Lley, Magadan, Matthäus Wander, Mediocrity, Miriel, Mst, Odenthal, Olaf2, Ole, OttoK, OvRandow, PDD, Parakletes, PartnerSweeny, PaulBommel, Pjacobi, Polarlys, Quantum70, Rabanus Flavus, Rainbowfish, Rolle62, STBR, Saarlandbilder.net, Sascha Brück, Schubbay, Shmuel haBalshan, Sicherlich, Silenus, Sipalius, Small Axe, Smial, Stefan Kühn, Steloh, SteveK, SurferRosa, TammoSeppelt, Thomas Wozniak, Tobias K., Tobnu, TomAlt, Tresckow, Triebtäter, Ulamm, Uli sh, Ulrich Waack, Unify, Valentin Suhr, Verwüstung, Vickypedia, W.alter, WHVer, Waess, Wanzo, Wolfgang Nuss, Zarbi, Zipfelheiner, Zollernalb, °, 110 anonyme Bearbeitungen

Hohes Lied *Quelle*: http://de.wikipedia.org/w/index.php?oldid=69051125 *Bearbeiter*: Albrecht Kronenberger, Andrest, Andrsvoss, Arup, Asthma, BS Thurner Hof, Barbulo, Blah, Cristof, Diba, Dixflips, ErikDunsing, Famulus, Finetuner, Fristu, Fullquote, Gartenschläfer, Gf1961, Glühwein, Hardenacke, Head, Hubertl, Hus0070, Ireas, Irmgard, Jan.freiheit, Jesusfreund, Jürgen Engel, MaEr, Marcus Cyron, Mathiasroesel, Matt1971, Matthias.Gruber, Miaow Miaow, Michael Kühntopf, Mvb, NebMaatRe, Noclador, Ot, PDD, Papiermond, Parakletes, Penta, Peter200, Philipendula, Pitichinaccio, Q. Wertz, Radulf, Regi51, Rokwe, Schniggendiller, Sechmet, Shmuel haBalshan, Sigune, Sinn, Sir, Southpark, Stefan Bernd, Steffen, Suisui, Tobi h, Wei wu wei, Wibilex, Wolfgang1018, Wst, Yorg, 58 anonyme Bearbeitungen

Bernhard von Clairvaux *Quelle*: http://de.wikipedia.org/w/index.php?oldid=68261847 *Bearbeiter*: A.M., A1bi, APPER, Anathema, Andim, AndreasPraefcke, Andrsvoss, ArtMechanic, Asdrubal, Bdk, Benedikt, Bierdimpfl, BladeRunner99, Br, Ca$e, ChristophDemmer, Common Senser, Complex, D, Dangu, DerGute, Eagle22, Erieping, ErikDunsing, Ervaude, FEXX, Fb78, Frank C. Müller, Franz Halac, GDK, Gelegentlich, Grani, Gugganij, HAH, HahnChristoph, Hampp, Hansele, Herrgott, Herrick, Hey Teacher, Hoch- und Deutschmeister, Holder, Ioannes.baptista, Irmgard, J.-H. Janßen, Jackalope, JasonM, Kakoui, Kandschwar, Keichwa, Kriddl, Liberatus, Luha, MAY, MFM, Mangomix, Marcelalbert, Marcus Cyron, Martin-vogel, Matt1971, Medved, MichaelDiederich, Mihai Andrei, Mo4jolo, Moguntiner, Muck31, NetReaper, Nick Wagner, Onkel74, PDD, Pelz, Peter200, Radulf, Ralf Gartner, RedfOx, Reiner Stoppok, Renekaemmerer, Robert Huber, Robodoc, S1, Scho ber, Sechmet, Shoshone, Sinn, Speifensender, Stefan Kühn, Steffen, Stephanmorgenstern, TNolte, Trienentier, Tröte, Tönjes, Wangen, Westfalenbaer, Wolfgang K, Woyzzeck, 82 anonyme Bearbeitungen

David von Augsburg *Quelle*: http://de.wikipedia.org/w/index.php?oldid=68226456 *Bearbeiter*: Bonio, Gerhard51, Gwynplain, He.Otto, Herrick, Mailtosap, Milziade, Professor Jokus von Pokus, Ralf Gartner, ReclaM, Saluk, Thiel1929, 4 anonyme Bearbeitungen

Hildegard von Bingen *Quelle*: http://de.wikipedia.org/w/index.php?oldid=69416785 *Bearbeiter*: 20percent, 24-online, Aka, Albrecht Conz, Albrecht1, Alexg online, Alfons2, Alinea, Allegoriowitsch, Alma Pater, AlterVista, Amygdala77, Anaximander, Andante, Andim, Andreas aus Hamburg in Berlin, Andrsvoss, Arktos, Armin P., ArnoWolf, ArtMechanic, ArthurMcGill, Asdrubal, Avoided, B.gliwa, Baird's Tapir, Barb, Ben-Zin, Biezl, Blaufisch, Blootwoosch, Bogorm, Bremond, Cabby, Carol.Christiansen, Cebalrai, Cecil, Cellist, Cestoda, Chamüzeel, Chris-the-Cut, ChrisiPK, ChristophDemmer, Complex, Crux, Dababafa, DasBee, DerHexer, Diba, Dinah, Dr. Manuel, Drahreg01, Dundak, Einmaliger, EisfeeNRW, Elg, Engie, Ephraim33, Faktorei, FelaFrey, FordPrefect42, Fossa, Francis, G-Michel-Hürth, G.hooffacker, GDK, Garnichtsoeinfach, Gegen den strich, Geos, Gerbil, Graphikus, Guandalug, Gugganij, HAL Neuntausend, HaSee, HaeB, Hardenacke, Head, Helmut Zenz, Henriette Fiebig, Herrick, Historiograf, Hodihu, Holger666, Howwi, Hubertl, Hüning, Igelball, Inkowik32, Irmgard, Isis2000, Ismail.Kuepeli, J11, JCS, JFKCom, Jergen, Jivee Blau, Josef Heinzelmann, Kandschwar, Karl-Henner, Katharina, Kh80, Kladson, Kpg, Krawi, Kuhlo, Küfi, LKD, Leandersukov, Leichtbau, Lennert B, Lillianne, Loxman, Luberon, MAY, MBq, Machahn, Magadan, Magnummandel, Magnus Manske, Mainzer Rad, Markus Mueller, Masegand, Matthead, Matthäus Wander, Mbdortmund, Michail, Miiich, Mmoe, Moguntiner, Momo, Momo1991, Mundartpoet, Nagy+, Nicolas17, Nikkis, Nina, Ninare, Nockel12, Noddy93, Nolispanmo, Numbo3, OliverRosteck, Otets, P. Birken, Paulis, Pelz, Pendulin, Peter Eisenburger, Peter Weller, Peter200, Peter89, PeterGuhl, Pfalzfrank, Pharaoh han, Pittimann, Polarlys, Poupou l'quourouce, Pron, PsY.cHo, Quedel, Querido, Raymond, Red buffalo2001, Redrock, Regi51, Robodoc, Roterraecher, Rr2000, S1, STBR, SaschaTeske, Schaengel, Schewek, Schnargel, Schreibvieh, Sebmol, Seewolf, Sicher, Sigune, Simplicius, Sinn, Sister Ray, Small Axe, Sofastar, Sputnik, Stefan Kühn, SteveK, Stine, Streifengrasmaus, Succu, Supidupi, Symposiarch, T-fisch, Telrúnya, Thogo, Thorbjoern, Timi, Tobias1983, Tobnu, Trienentier, Tröte, Tsui, Ttbya, Turris Davidica, Tönjes, UliR, Umweltschützen, Unukorno, VanGore, Volmar, Vuxi, WAH, WIKImaniac, Wikifan51, WinfriedSchneider, Wissen, Wo st 01, Wolfgang K, Yiannopoulos, YourEyesOnly, Zaungast, Zenit, Zeno Gantner, 381 anonyme Bearbeitungen

Gregor der Große *Quelle*: http://de.wikipedia.org/w/index.php?oldid=69466324 *Bearbeiter*: 4tilden, Adomnan, Aka, Anathema, AndreasPraefcke, Anonymus Nr.: 217.184.25.67, ArtMechanic, BLueFiSH.as, Bender235, Bene16, Benowar, Blaufisch, Br, Calinosa, Carbidfischer, ChristophDemmer, Darev, Darkking3, Echoray, Enzian44, Ephraim33, GDK, Gamma9, Geos, Gugganij, Hansele, Hardenacke, Helmut Zenz, Henriette Fiebig, Hjmerkel, Horst69, Irmgard, JCS, Janpol, Jutta234, Karl-Henner, M.lange, MAY, Marie-Luise Heckmann, Matt1971, Melchior2006, Membeth, Merkwürdiger Kreisel, Michael Reschke, Mihai Andrei, Muck, Nazareth, Nhauser, Numbo3, Otfried Lieberknecht, Papiermond, Pelz, Philipendula, Pionic, Proofreader, Ralf S., Reiner Stoppok, Robert Huber, Robodoc, Schaengel89, Schnargel, Semperor, Stefan Kühn, Steffen Löwe Gera, Terabyte, Tröte, Tönjes, Ulrich von Jungingen, Ulrich.fuchs, Willglov, Wolfhardt, Zacke, 52 anonyme Bearbeitungen

Kloster Helfta *Quelle*: http://de.wikipedia.org/w/index.php?oldid=69269920 *Bearbeiter*: Anathema, Collectart, Con2tto, DaBroMfld, Dixflips, ErikDunsing, Flominator, Gerd Taddicken, Guffi, HaSee, HannaAndrea, Harro von Wuff, Hejkal, Helmut Zenz, Herrick, Hubertl, Jkü, Joystick, MCPs, MarcoBorn, Melchior2006, Ml-ml, Neozoon, Rabanus Flavus, Rahele, Rauenstein, Ringler,

SRingler, Stefan Kühn, Th1979, Tim Pritlove, Triebtäter, Turris Davidica, 20 anonyme Bearbeitungen

Quellen, Lizenzen und Autoren des Bildes

Bild:Merazhofen Pfarrkirche Chorgestühl links Mechthild.jpg *Quelle*: http://de.wikipedia.org/w/index.php?title=Datei:Merazhofen_Pfarrkirche_Chorgestühl_links_Mechthild.jpg *Lizenz*: Creative Commons Attribution 3.0 *Bearbeiter*: Photo: Andreas Praefcke

Datei:VisioBrigittaSchwedenDetail.jpg *Quelle*: http://de.wikipedia.org/w/index.php?title=Datei:VisioBrigittaSchwedenDetail.jpg *Lizenz*: unbekannt *Bearbeiter*: Markus Mueller, Volmar, 1 anonyme Bearbeitungen

Datei:Panorama beginenhof.jpg *Quelle*: http://de.wikipedia.org/w/index.php?title=Datei:Panorama_beginenhof.jpg *Lizenz*: Creative Commons Attribution-Sharealike 2.0 *Bearbeiter*: User:Elya

Datei:Beginenhof innen.jpg *Quelle*: http://de.wikipedia.org/w/index.php?title=Datei:Beginenhof_innen.jpg *Lizenz*: GNU Free Documentation License *Bearbeiter*: User:Elya

Datei:Kloesterle-cannstatt.jpg *Quelle*: http://de.wikipedia.org/w/index.php?title=Datei:Kloesterle-cannstatt.jpg *Lizenz*: GNU Free Documentation License *Bearbeiter*: Benutzer:Enslin

Datei:dominic.jpg *Quelle*: http://de.wikipedia.org/w/index.php?title=Datei:Dominic.jpg *Lizenz*: unbekannt *Bearbeiter*: Ahellwig, Arthus2005, Irmgard

Datei:Pedro Berruguete - Saint Dominic Presiding over an Auto-da-fe (1475).jpg *Quelle*: http://de.wikipedia.org/w/index.php?title=Datei:Pedro_Berruguete_-_Saint_Dominic_Presiding_over_an_Auto-da-fe_(1475).jpg *Lizenz*: unbekannt *Bearbeiter*: Balbo, G.dallorto, GDK, Leinad-Z, Mattes, 5 anonyme Bearbeitungen

Datei: SAN DOMENICO primo piano affresco.JPG *Quelle*: http://de.wikipedia.org/w/index.php?title=Datei:SAN_DOMENICO_primo_piano_affresco.JPG *Lizenz*: Creative Commons Attribution 3.0 *Bearbeiter*: Marco Ferrero

Datei:Blason LBP.svg *Quelle*: http://de.wikipedia.org/w/index.php?title=Datei:Blason_LBP.svg *Lizenz*: GNU Free Documentation License *Bearbeiter*: User:Bmflo

Datei:Fra_Angelico_052.jpg *Quelle*: http://de.wikipedia.org/w/index.php?title=Datei:Fra_Angelico_052.jpg *Lizenz*: Public Domain *Bearbeiter*: AndreasPraefcke, EDUCA33E, G.dallorto, Goldfritha, Mattes, Sailko, Wolfmann, Wst

Datei:Religiosam_vitam.jpg *Quelle*: http://de.wikipedia.org/w/index.php?title=Datei:Religiosam_vitam.jpg *Lizenz*: unbekannt *Bearbeiter*: Honorius III

Datei:Uni-Marburg_13.jpg *Quelle*: http://de.wikipedia.org/w/index.php?title=Datei:Uni-Marburg_13.jpg *Lizenz*: Creative Commons Sharealike 1.0 *Bearbeiter*: Nikanos

Datei:DomzuMagdeburg.jpg *Quelle*: http://de.wikipedia.org/w/index.php?title=Datei:DomzuMagdeburg.jpg *Lizenz*: Creative Commons Attribution-Sharealike 2.5 *Bearbeiter*: User:SurferRosa

Datei:Otto937Magdeburg.jpg *Quelle*: http://de.wikipedia.org/w/index.php?title=Datei:Otto937Magdeburg.jpg *Lizenz*: unbekannt *Bearbeiter*: Tresckow, 2 anonyme Bearbeitungen

Datei:Bundesarchiv Bild 183-26654-0001, Magdeburg, 1000 Jahr-Feier, Restaurierung Dom.jpg *Quelle*: http://de.wikipedia.org/w/index.php?title=Datei:Bundesarchiv_Bild_183-26654-0001,_Magdeburg,_1000_Jahr-Feier,_Restaurierung_Dom.jpg *Lizenz*: Public Domain *Bearbeiter*: Biscan

Datei:Bundesarchiv Bild 183-77832-0002, Magdeburg, Dom, Kriegsschäden.jpg *Quelle*: http://de.wikipedia.org/w/index.php?title=Datei:Bundesarchiv_Bild_183-77832-0002,_Magdeburg,_Dom,_Kriegsschäden.jpg *Lizenz*: unbekannt *Bearbeiter*: Biscan

Datei:Magdeburger Dom Grundriss.jpg *Quelle*: http://de.wikipedia.org/w/index.php?title=Datei:Magdeburger_Dom_Grundriss.jpg *Lizenz*: unbekannt *Bearbeiter*: AnRo0002, Bibi Saint-Pol, Chris 73, Fb78, Gérard Janot, Merchbow

Datei:Magdeburg_domorgel.jpg *Quelle*: http://de.wikipedia.org/w/index.php?title=Datei:Magdeburg_domorgel.jpg *Lizenz*: Creative Commons Attribution-Sharealike 3.0 *Bearbeiter*: User:Joschu16

Datei:KBA Magdeburg Dom-01.jpg *Quelle*: http://de.wikipedia.org/w/index.php?title=Datei:KBA_Magdeburg_Dom-01.jpg *Lizenz*: unbekannt *Bearbeiter*: AnRo0002, Bibi Saint-Pol, Codeispoetry, Fb78

Datei:Magdeburger Dom Querschnitt.jpg *Quelle*: http://de.wikipedia.org/w/index.php?title=Datei:Magdeburger_Dom_Querschnitt.jpg *Lizenz*: unbekannt *Bearbeiter*: Bibi Saint-Pol, Chris 73, Fb78

Datei:Cathedral of Magdeburg Inside.jpg *Quelle*: http://de.wikipedia.org/w/index.php?title=Datei:Cathedral_of_Magdeburg_Inside.jpg *Lizenz*: unbekannt *Bearbeiter*: User:Chris 73

Datei:Blick_durchs_Langhaus_nach_Osten.jpg *Quelle*: http://de.wikipedia.org/w/index.php?title=Datei:Blick_durchs_Langhaus_nach_Osten.jpg *Lizenz*: unbekannt *Bearbeiter*: Michael Grunzel

Datei:Grave of Otto I, Holy Roman Emperor.jpg *Quelle*: http://de.wikipedia.org/w/index.php?title=Datei:Grave_of_Otto_I,_Holy_Roman_Emperor.jpg *Lizenz*: unbekannt *Bearbeiter*: User:Chris 73

Datei:Mauritius_Kopf.jpg *Quelle*: http://de.wikipedia.org/w/index.php?title=Datei:Mauritius_Kopf.jpg *Lizenz*: Public Domain *Bearbeiter*: User:Rabanus Flavus

Datei:ThreeWiseVirginsMagdeburg.jpg *Quelle*: http://de.wikipedia.org/w/index.php?title=Datei:ThreeWiseVirginsMagdeburg.jpg *Lizenz*: unbekannt *Bearbeiter*: User:Chris 73

Datei:ThreeFoolishVirginsMagdeburg.jpg *Quelle*: http://de.wikipedia.org/w/index.php?title=Datei:ThreeFoolishVirginsMagdeburg.jpg *Lizenz*: unbekannt *Bearbeiter*: User:Chris 73

Datei:HerscherpaarMagdeburgCathedral.jpg *Quelle*: http://de.wikipedia.org/w/index.php?title=Datei:HerscherpaarMagdeburgCathedral.jpg *Lizenz*: unbekannt *Bearbeiter*: User:Chris 73

Datei:Domkanzel.jpg *Quelle*: http://de.wikipedia.org/w/index.php?title=Datei:Domkanzel.jpg *Lizenz*: Public Domain *Bearbeiter*: User:Alanrode

Datei:Sonnenuhrmddom.JPG *Quelle*: http://de.wikipedia.org/w/index.php?title=Datei:Sonnenuhrmddom.JPG *Lizenz*: Creative Commons Attribution-Sharealike 3.0 *Bearbeiter*: GermanOle

Datei:Magdeburg_Cathedral_front_entrance.jpg *Quelle*: http://de.wikipedia.org/w/index.php?title=Datei:Magdeburg_Cathedral_front_entrance.jpg *Lizenz*: unbekannt *Bearbeiter*: User:Chris 73

Datei:Chorgestühl Dom.JPG *Quelle*: http://de.wikipedia.org/w/index.php?title=Datei:Chorgestühl_Dom.JPG *Lizenz*: Creative Commons Attribution 2.5 *Bearbeiter*: SurferRosaIna Hinners

Datei:Baptismal Font Magdeburg.jpg *Quelle*: http://de.wikipedia.org/w/index.php?title=Datei:Baptismal_Font_Magdeburg.jpg *Lizenz*: unbekannt *Bearbeiter*: User:Chris 73

Datei:Johann vR.jpg *Quelle*: http://de.wikipedia.org/w/index.php?title=Datei:Johann_vR.jpg *Lizenz*: unbekannt *Bearbeiter*: Benutzer:Hvrandow

Datei:Koppehele-Epitaph.jpg *Quelle*: http://de.wikipedia.org/w/index.php?title=Datei:Koppehele-Epitaph.jpg *Lizenz*: unbekannt *Bearbeiter*: Gerlinde Kühn (Vorsitzende des „Interessenskreises der Koppehl'schen Familienstiftung 1604")

Datei:Pomegranate.jpg *Quelle*: http://de.wikipedia.org/w/index.php?title=Datei:Pomegranate.jpg *Lizenz*: unbekannt *Bearbeiter*: user:Fir0002

Datei:Bernhard von Clairvaux (Initiale-B).jpg *Quelle*: http://de.wikipedia.org/w/index.php?title=Datei:Bernhard_von_Clairvaux_(Initiale-B).jpg *Lizenz*: unbekannt *Bearbeiter*: AndreasPraefcke, Bestiasonica, Bouwe Brouwer, Dsmdgold, GDK, Man vyi, Warburg, Überraschungsbilder

Datei:Bernard of Clairvaux - Gutenburg - 13206.jpg *Quelle*: http://de.wikipedia.org/w/index.php?title=Datei:Bernard_of_Clairvaux_-_Gutenburg_-_13206.jpg *Lizenz*: Public Domain *Bearbeiter*: AndreasPraefcke, Bouwe Brouwer, Kelson, Lukius

Datei:Göz Bernhard Skizze.jpg *Quelle*: http://de.wikipedia.org/w/index.php?title=Datei:Göz_Bernhard_Skizze.jpg *Lizenz*: unbekannt *Bearbeiter*: AndreasPraefcke, Bouwe Brouwer, DrJunge, Fb78, Shakko, Skipjack, Umherirrender, 3 anonyme Bearbeitungen

Bild:Wappen hargesheim.jpg *Quelle*: http://de.wikipedia.org/w/index.php?title=Datei:Wappen_hargesheim.jpg *Lizenz*: Public Domain *Bearbeiter*: Ditschi, Frank-m, Rp.

Bild:Sponheim wappen.gif *Quelle*: http://de.wikipedia.org/w/index.php?title=Datei:Sponheim_wappen.gif *Lizenz*: Public Domain *Bearbeiter*: Ditschi, Frank-m, Rp.

Datei:Hildegard.jpg *Quelle*: http://de.wikipedia.org/w/index.php?title=Datei:Hildegard.jpg *Lizenz*: Public Domain *Bearbeiter*: Original uploader was RobertLechner at de.wikipedia

Datei:Kloster_Disibodenberg_03.jpg *Quelle*: http://de.wikipedia.org/w/index.php?title=Datei:Kloster_Disibodenberg_03.jpg *Lizenz*: GNU Free Documentation License *Bearbeiter*: Frank-m, Kurpfalzbilder.de, Saharadesertfox, Werckmeister

Datei:Hildegard von Bingen Liber Divinorum Operum.jpg *Quelle*: http://de.wikipedia.org/w/index.php?title=Datei:Hildegard_von_Bingen_Liber_Divinorum_Operum.jpg *Lizenz*: unbekannt *Bearbeiter*: Dsmdgold, GDK, Leinad-Z, Tetraktys, Tsui, Vol de nuit

Datei:Meister des Hildegardis-Codex 001.jpg *Quelle*: http://de.wikipedia.org/w/index.php?title=Datei:Meister_des_Hildegardis-Codex_001.jpg *Lizenz*: Public Domain *Bearbeiter*: Dsmdgold, RobertLechner

Datei:Hildegard3.jpg *Quelle*: http://de.wikipedia.org/w/index.php?title=Datei:Hildegard3.jpg *Lizenz*: Public Domain *Bearbeiter*: Original uploader was Mainzer Rad at de.wikipedia

Datei:Gregory I - Antiphonary of Hartker of Sankt Gallen.jpg *Quelle*: http://de.wikipedia.org/w/index.php?title=Datei:Gregory_I_-_Antiphonary_of_Hartker_of_Sankt_Gallen.jpg *Lizenz*: unbekannt *Bearbeiter*: Hartker of Sankt-Gallen. See this book for information on the manuscript.

Datei:Andrea Mantegna 032.jpg *Quelle*: http://de.wikipedia.org/w/index.php?title=Datei:Andrea_Mantegna_032.jpg *Lizenz*: Public Domain *Bearbeiter*: AndreasPraefcke, Anne97432, Aristeas, Emijrp, G.dallorto, Louis-garden, Sailko, Schaengel89, Shakko, Wst, 2 anonyme Bearbeitungen

Datei:Antonello da Messina 010.jpg *Quelle*: http://de.wikipedia.org/w/index.php?title=Datei:Antonello_da_Messina_010.jpg *Lizenz*: Public Domain *Bearbeiter*: AndreasPraefcke, Bjs, Diomede, EDUCA33E, G.dallorto, Schaengel89, Wst

Bild:Helfta - Kirche und Liboriushaus.jpg *Quelle*: http://de.wikipedia.org/w/index.php?title=Datei:Helfta_-_Kirche_und_Liboriushaus.jpg *Lizenz*: GNU Free Documentation License *Bearbeiter*: Guffi

Datei:Flag of Germany.svg *Quelle*: http://de.wikipedia.org/w/index.php?title=Datei:Flag_of_Germany.svg *Lizenz*: Public Domain *Bearbeiter*: User:Pumbaa80

Datei:Helfta - Liboriushaus Kirche und Konvent.jpg *Quelle*: http://de.wikipedia.org/w/index.php?title=Datei:Helfta_-_Liboriushaus_Kirche_und_Konvent.jpg *Lizenz*: GNU Free Documentation License *Bearbeiter*: Guffi

Datei:Helfta - Mystikerinnen und Bildungshaus.jpg *Quelle*: http://de.wikipedia.org/w/index.php?title=Datei:Helfta_-_Mystikerinnen_und_Bildungshaus.jpg *Lizenz*: GNU Free Documentation License *Bearbeiter*: Guffi

Datei:Bundesarchiv Bild 183-69777-0001, Eisleben, Bauer beim Ausmisten.jpg *Quelle*: http://de.wikipedia.org/w/index.php?title=Datei:Bundesarchiv_Bild_183-69777-0001,_Eisleben,_Bauer_beim_Ausmisten.jpg *Lizenz*: unbekannt *Bearbeiter*: Schmidt

Datei:Helfta - Kirche.JPG *Quelle*: http://de.wikipedia.org/w/index.php?title=Datei:Helfta_-_Kirche.JPG *Lizenz*: GNU Free Documentation License *Bearbeiter*: Guffi

Printed by Books on Demand GmbH, Norderstedt / Germany